珍藏本·增订本

纪念版

汉译世界学术名著丛书

霍布斯论公民联合体

〔英〕迈克尔·奥克肖特　著

郑琪　译

商务印书馆

SINCE 1897

The Commercial Press

汉译世界学术名著丛书
（120 年纪念版·珍藏本）
增订本出版说明

2017 年 10 月，为纪念商务印书馆创立 120 周年，本馆推出“汉译世界学术名著丛书”（120 年纪念版·珍藏本），计七百种。近五六年来，仰赖学界同人倾力支持，订正旧译，增补新译，拓展新著，积累日多。为满足读者需要，本馆在七百种的基础上，继续推出“汉译世界学术名著丛书”（120 年纪念版·珍藏本·增订本）三百种。至此，“汉译世界学术名著丛书”累计出版已达千种。

今后，本馆将继续推进丛书的翻译出版工作，在积累单本名著的基础上陆续分辑刊行，汇印出版。为促进中外文明互鉴、推动我国学术发展，使“汉译世界学术名著丛书”这项对我国学术文化有基本建设意义的重大工程发挥更大作用，诚望海内外学术界、翻译界继续给予支持，帮助我们把这套丛书出得更好。

商务印书馆编辑部

2024 年 2 月

汉译世界学术名著丛书
（120年纪念版·珍藏本）
出版说明

2017年2月11日，商务印书馆迎来120岁的生日。120年前，商务印书馆前贤怀揣文化救国的理想，抱持“昌明教育，开启民智”的使命，立足本土，放眼寰宇，以出版为津梁，沟通中西，为中国、为世界提供最富智慧的思想文化成果。无论世事白云苍狗，潮流左右激荡，甚至战火硝烟弥漫，始终践行学术报国之志，无改初心。

迻译世界各国学术名著，即其一端。早在20世纪初年便出版《原富》《天演论》等影响至今的代表性著作，1950年代后更致力于外国哲学和社会科学经典的译介，及至1980年代，辑为“汉译世界学术名著丛书”，汇涓为流，蔚为大观。丛书自1981年开始出版，历时三十余年，迄今已推出七百种，是我国现代出版史上规模最大、最为重要的学术翻译工程。

丛书所选之书，立场观点不囿于一派，学科领域不限于一门，皆为文明开启以来，各时代、各国家、各民族的思想与文化精粹，代表着人类已经到达过的精神境界。丛书系统译介世界学术经典，引领时代思想，为本土原创学术的发展提供丰富的文化滋养，为推动中国现代学术和现代化进程做出了突出的贡献。

为纪念商务印书馆成立120周年，我们整体推出“汉译世界学术名著丛书”120年纪念版的珍藏本，寄望既利于文化积累，又便于研读查考，同时向长期支持丛书出版的译者、编者和读者致以敬意。

两甲子后的今天，商务印书馆又站在了一个新的历史时间节点上。我们不仅要铭记先辈的身影和足迹，更须让我们的步伐充满新的时代精神。这是商务人代代相传的事业，更是与国家和民族的命运始终紧密相连的事业。我们责无旁贷，必须做好我们这代人的传承与创造，让我们的努力和成果不仅凝聚成民族文化的记忆，还能成为后来人可以接续的事业。唯此，才能不负前贤，无愧来者。

商务印书馆编辑部

2017年10月

目　　录

序　言

保罗·弗兰科(Paul Franco)

尽管迈克尔·奥克肖特(Michael Oakeshott,1901—1990)本身就以政治哲学家的身份而为人所熟知,但他也是政治哲学史的一位深刻研究者,他是关于托马斯·霍布斯思想的重要学者。奥克肖特对霍布斯的兴趣萌生于其事业的早期——他在 1935 年就写了一篇有关霍布斯的新近研究的评论文章[1],并持续贯穿于其生命的大部分时候——他在 1974 年发表了一篇对霍布斯的研究性著作的长篇评论。[2] 这位英国观念论学派的最后传人——在他的第一部著作《经验及其模式》(*Experience and Its Modes*,1933)中,奥克肖特说黑格尔(Hegel)和布拉德雷(F.H.Bradley)是对他影响最大的两个人——竟然转向霍布斯寻求灵感,这初看起来令

1　迈尔克·奥克肖特,"霍布斯"(Thomas Hobbes),载《聚焦》(*Scrutiny*)第 4 期(1935—1936),第 263—277 页。

2　迈尔克·奥克肖特,"逻辑和目的"(Logs and Telos),载《政府和对立》(*Government and Opposition*)第 9 期(1971),第 237—244 页;重印在《政治中的理性主义和其他文章》(*Rationalism in Politics and Other Essays*,Indianapolis:Liberty Fund,1991),第 351—359 页。

人称奇，但是奥克肖特的政治哲学的发展逐渐揭示了他与其17世纪的前辈之间的深刻渊源。奥克肖特在他对霍布斯的解读中所强调的主题大部分是激发了他自己的政治哲学的那些主题：对政治中理性作用的怀疑，对个体性道德的拥护（以反对任何种类的集体
viii 主义）和有关政治联合体即公民联合体的非工具性、非目的性模式的观念。最后提及的这个观念在奥克肖特为本文集所选的题目中得到了公开的承认。

除了上面提到的两篇评论外，本文集（初版于1975年）所收录的文章几乎重现了奥克肖特论述霍布斯的全部文章。依照当代学术笨拙的量化标准来看，它可能只是一本相当菲薄的作品，但是奥克肖特鄙视学术研究的工业性方面，他在单独一篇文章中塞进去的东西通常比大多数作者力图在一整本书中所要表达的东西还要多。无可争议的是，这些论文——尤其是“《利维坦》导读”（Introduction to *Leviathan*）和“霍布斯著作中的道德生活”（The Moral Life in the Writings of Thomas Hobbes）——对霍布斯研究的影响之大远远超出了其短小的篇幅，它们揭示了一个与众不同的霍布斯形象，任何当代的霍布斯哲学研究者都必须正视它。

这些文章中最早的一篇是“列奥·施特劳斯博士论霍布斯”（Dr. Leo Strauss on Hobbes），一篇对施特劳斯的重要著作《霍布斯的政治哲学：它的基础和起源》（*The Political Philosophy of Hobbes: Its Basis and Its Genesis*）满怀敬意但又不无批判的评论。无疑，这本书吸引奥克肖特（他实际上曾在三个不同的时期评

论过它)[3]的原因之一是它力图以一个真正的道德哲学家的霍布斯形象来取代作为一名自然主义哲学家从事对政治的科学分析的传统的、实证主义的霍布斯形象。尽管奥克肖特分享了施特劳斯的这一总的灵感,但他拒绝施特劳斯的具体观点,即霍布斯政治哲学的原初的和真实的基础是一种前科学的道德态度,霍布斯在他的成熟的著作里只在其上添加了一种科学形式,但他从来没有真正放弃它。对奥克肖特来说,《利维坦》中的观点构成了霍布斯的哲学思考的真正进步,这不是因为它更"科学"——在奥克肖特看来"霍布斯从来不是在任何真正意义上的科学家……他的'科学'自始至终被构想为一种认识论"——而是因为它代表了霍布斯为他的政治哲学"寻找一个比单纯的道德意见更坚固的基础"的努力。 ix

奥克肖特也限定了施特劳斯相当宏大的主张,即霍布斯是政治哲学中一种新的传统的创始者和现代政治哲学的奠基者。尽管奥克肖特接受施特劳斯的论点,即霍布斯的政治哲学——就其以权利取代法律作为国家的基础而言——代表了与支配性的自然法传统的断裂,但他并不认为这个改变是完全前所未有的,他认为施特劳斯忽视了霍布斯与一种更早的伊壁鸠鲁传统之间的重要关联。除此之外,奥克肖特认为霍布斯还缺乏某种对现代政治思想来说至关重要的东西,即一种令人满意的意愿(volition)理论。奥克肖特在此表达了对霍布斯的一种罕见的批判,这个批判反映了

3 除了本文集中的评论之外,他也在《剑桥评论》(*The Cambridge Review*)第57期(1936—1937),第150页以及《哲学》(*Philosophy*)第12期(1937),第239—241页上评论了施特劳斯的著作。

他自己的黑格尔主义背景——他引用黑格尔有关理性意志(the rational will)的学说作为对这个缺陷的有意救济——并暗示了奥克肖特自己对霍布斯的公民哲学的重构将采取的方向。

奥克肖特下一篇关于霍布斯的文章出现于近十年——在世界事件中是骚动的十年——之后。这就是如今已成名篇的“《利维坦》导读”,于1946年出版。本文集中的“导读”对原版略有修改,它带有奥克肖特后来对霍布斯和公民联合体的思考的痕迹。在那篇论施特劳斯的论文中被勾勒的许多主题在此得到发展,并被融入一个融会贯通和极为新颖的霍布斯思想的形象之中。奥克肖特彻底清除了那种广为接受的视霍布斯哲学为自然主义且奠基于一种唯物主义的科学理论之上的观点,相反,他指出贯穿霍布斯体系的线索是一种关于推理的哲学观念。然而,霍布斯的“推理”(reasoning)不应与古典传统中更具实质性的理性(Reason)相混淆。它只产生假设性或有条件的知识,它从来不能给我们提供关于目的的知识。就政治哲学来说,这个有关推理之界限的怀疑论 x 学说包含了作为政治权威之根基的意志对理性的取代。在奥克肖特看来,霍布斯的历史意义在于:他是根据“意志”和“人造物”——与理性和自然相对立——这两个主导概念来探讨政治生活这个传统的第一位深入的阐述者。

正是在奥克肖特的“《利维坦》导读”中,霍布斯的唯意志论(voluntarism)和个人主义得到了最大程度的强调。奥克肖特尤其着重于反驳如下观点,即霍布斯尽管在其理论的开端是个个人主义者,但最终却成为某种绝对主义者。霍布斯有关权威的冷峻观念最终与个人的自由而非古典的理性概念和“智者”(those who know)的统治更相契合。“理性而非权威对个体性来说是毁灭性的。”奥克肖特以最挑衅的方式提出这点：“霍布斯不是一个绝对主义者，恰恰因为他是一个威权主义者……确实，尽管霍布斯本人并不是一位自由主义者，但与大多数自由主义的公开辩护者相比，他那里拥有更多的自由主义哲学。”

这个文集里最引人入胜的文章是“《利维坦》：一个神话”(*Leviathan*：A Myth)，它最初是在1947年的电台讲话。奥克肖特在此再次否定了把《利维坦》当作一本还原论的科学著作的解释，相反，他把它视作一个艺术作品，一个对关乎我们文明的神话或集体梦想的深刻且具想象力的阐释。在追溯这个神话的基督教根源后，奥克肖特得出结论说，不能弄错霍布斯在《利维坦》中赋予人类处境的那种特征。“它是神话，而非科学。它是对神秘的察觉，而非假装是一种解决之道。”

在本文集最近的一篇文章“霍布斯著作中的道德生活”(The Moral Life in the Writings of Thomas Hobbes，1960)中，奥克肖特回到了霍布斯思想中理性的本质和角色的问题。该文所围绕的问题是：霍布斯认为那种典范理性的行为——力求和平——是否也是在道德上有义务的行为，如果是这样，那么霍布斯是否因此与他关于理性仅仅是假设性或工具性的观点相冲突，并不恰当地借 xi
助了理性作为主权者或指引者的旧意义。在一个精妙的讨论中，他思考了施特劳斯和霍华德·沃伦德(Howard Warrender)关于这个问题的截然不同的观点，奥克肖特表明霍布斯并没有以这种方式自相矛盾。霍布斯从来没有把理性行为和道德行为混为一谈，因此他也从来没有为了古典传统的主权理性放弃他自己的工

具性的推理概念。奥克肖特认同沃伦德的观点，即在有些地方霍布斯写得好像他相信存在着对人们施加力求和平的"自然义务"的"自然法"，但奥克肖特认为霍布斯在这些地方表现出一种开放的意图来展示自己的控制力，即他是为了向他的同时代人表明他们的义务在哪里，并掩饰其更为激进的教诲。

奥克肖特思考了对霍布斯道德生活之解释的另一个反驳意见：霍布斯对人类困境的解决之道是置恐惧和对安全的欲望于骄傲之上，并因此而片面地为驯顺者或甚至是资产阶级的道德辩护。但是奥克肖特表明，在霍布斯的著作中存在着从骄傲的激情推导出力求和平的其他证据。这种贵族因素在霍布斯道德观中的存在驳斥了把它视作"资产阶级的"简单规定。总的来说，奥克肖特乐意承认洛克贴在自由主义之上的温和标签所具有的资产阶级特性，但他相信这个术语极大地低估了处于霍布斯道德观核心的激进个体性。

我们该如何评判奥克肖特对霍布斯的解释？这个问题已经超过了这篇序言的范围（和职责）。但是有一点可以确凿无疑地断言：相较于几乎所有其他人，奥克肖特为我们提供了一个在许多方面都更加有趣、更有想象力、更复杂和更令人信服的霍布斯。在读了奥克肖特的论文后，人们想要回到霍布斯那里并去阅读他。

前 言

霍布斯的《利维坦》被收入布莱克韦尔(Blackwell)的政治文丛,出版于1946年,这是该书在当时唯一能容易获得的版本。但是现在其中的很多书都已经绝版。我为之所写的"导读"也为更晚近的关于该主题的浪潮所淹没:在此期间它在霍布斯的研究界曾有过令人瞩目的时期。然而,它有某种华而不实的虚浮,我同意出版社继续出版它的意愿。我已经去除了其中一些较为明显的错谬,并把它与另外三篇关于霍布斯的短文放在一起。第一篇来自在诺丁汉大学所做的讲座,后来收入《政治中的理性主义》(*Rationalism in Politics*),第二篇最初发表在《政论》(*Politica*)上,第三篇则是一次电台讲话。我衷心感谢詹姆斯·科顿(James Cotton)友好地审读了本书的校样。

迈克尔·奥克肖特

1974年情人节

作　者　注

本书引用的霍布斯著作除《利维坦》和《法的原理》(*Elements of Law*)外，均收入《托马斯·霍布斯英文著作集》[*English Works of Thomas Hobbes*，由莫尔斯沃思(Molesworth)编辑，共11卷，1839年版(引作*E. W.*)]和《拉丁版全集》[*Opera Latina*，由莫尔斯沃思编辑，共5卷，1845年版(引作*O. L.*)]。所引《利维坦》(引作*L.*)是克拉伦登出版社对1651年版的重印本(1909年)，所引《法的原理》则为滕尼斯(Tönnies)编、剑桥大学出版社1928年版。

霍布斯论公民联合体

一、《利维坦》导读 1

"我们正在讨论的可不是微不足道的主题,而是一个人应该如何生活。"

——柏拉图(Plato),《理想国》(*Republic*),352D

1. 生平

托马斯·霍布斯生于 1588 年春天。他是马姆斯伯里镇(Malmesbury)附近的韦斯特波特(Westport)教区一个素来普普通通的牧师的第二个儿子。他在马姆斯伯里镇接受教育,并成为一个出色的拉丁语和希腊语学者;后来又在牛津(Oxford)学了五年,他一直保持着对古典文学的兴趣,并开始熟悉当时的神学争论,但在逻辑学和亚里士多德(Aristotle)物理学方面,他只接受了一些基础性的教育。

1608 年,他被指定为德文郡(Devonshire)伯爵一世威廉·卡文迪什(William Cavendish)之子的家庭教师(后来又成为其秘书)。在他的整个成年时代,霍布斯都与卡文迪什一家维持着一种密切的关系,有许多年他都被视作这个家庭的成员,或在查特斯沃斯(Chatsworth),或在伦敦。他在这种环境中逐渐结识了当时最

重要的一些政治家和文人，其中就有培根（Bacon）和琼森
（Jonson）。1610 年，他和他的学生一道在法国和意大利度过，他
2 对欧洲大陆的知识生活有了初步的了解，并在回国时决定自己也
要成为一名学者。其后的 18 年是他未来的知识兴趣和思想活动
开始萌芽的时期，他主要是在查特斯沃斯度过的。但他究竟是如
何度过的却少有记载，他在这一时期唯一的文学产品是于 1629 年
出版的关于修昔底德（Thucydides）作品的翻译，但无疑，他心中对
哲学的兴趣在不断地增长。

1628 年，德文郡伯爵二世去世。霍布斯接受了杰维斯·克林顿（Gervase Clinton）爵士之子的家庭教师一职。他与之相处了三年，其中两年是在欧洲大陆度过的。正是在这个时候，霍布斯自己发现了数学和几何这一智性世界，一个对于他那个时代的欧陆哲学家特别重要的世界，而他在此之前一直完全忽视了它。这个发现为他的哲学反思提供了新的刺激和新的方向，从那时起，哲学就支配了他的心灵。

1631 年，霍布斯回到卡文迪什家，担任新伯爵的家庭教师。他陪伴伯爵开始了其第三次的欧陆之行（1634—1637）。正是在这次旅行中，他在佛罗伦萨见到了伽利略（Galileo），并开始熟悉巴黎以梅森（Mersenne）为中心的哲学家圈子，特别是结识了伽桑狄（Gassendi）。回到英国后，他于 1640 年（但该书直到 1650 年才发表）完成了其第一部重要的哲学著作《法的原理》。他已经 52 岁了，头脑中有了一个想要系统阐述的哲学方案。

接下来的 11 年他在巴黎度过，暂时得以摆脱外在的义务。但他没有立即着手建构其哲学中最具普遍性的部分——自然哲学，

而是先写了《论公民》(*De Cive*)。这是对他的政治哲学的阐述,出版于1642年。巴黎对霍布斯来说是一个有利于哲学家的社会;但在1645年,它成了威尔士亲王查理(Charles)的流亡宫廷所在地。霍布斯被任命为这位亲王的教师。他的心思还是集中在政治哲学 3
上。1651年,他的杰作《利维坦》出版。

1652年,他回到英国,继续在卡文迪什伯爵家中任职(此后再也没有离开过),并着手其哲学体系中其余部分的构造。1655年,他发表了《论物体》(*De Corpore*)。1658年,他发表了《论人》(*De Homine*)。此后他还活了20年。这是一段不停歇的文字活动岁月,他卷入了哲学、数学、神学和政治上的争辩。在王政复辟后,他被王宫所接受,并在伦敦度过了其大部分时间。然而,在1675年,他意识到自己将不久于人世,就回到了查特斯沃斯。他于1679年冬天去世,享年91岁。

2.《利维坦》的语境

《利维坦》是用英语写作的最伟大的,也许是独一无二的政治哲学杰作。在我们的文明史上只有寥寥几部著作才有与之差堪比拟的视野和成就。因此,应该用最高的标准来评判它,应该在最广的语境中来考察它。这部杰作为二流著作提供了标准和语境,后者其实只是前者的注脚罢了;而这部杰作本身的语境,其意义得以揭示的背景,实质上较之整个政治哲学史而言毫不逊色。

对于政治生活的反思可以在不同的层面进行。它可以在手段的规定这个层面进行,也可以向目的的考察推进。它的灵感可以是直接实践性的，根据对当下利益的觉察来改变某种政治秩序的安排；或者它可以是实践性的，但不那么直接，而是受普遍性观念的引导。抑或，它可以来自某种政治生活的经验，并在某种学说中
4 寻求对那种经验的普遍化。反思容易顺着思考者的情绪，在不间断的活动中从一个层面流向另一个层面。政治哲学可以被理解为这种反思活动选择了某个方向并达到了某个层面时所发生的情况，其特点在于政治生活连同属于它的价值和目的与某种文明所特有的整体世界观之间的关系。也就是说，在对政治生活进行反思的所有其他层面上，我们面对的是进行政治活动的单一世界，我们感兴趣的是该世界的内在一致性；但在政治哲学中，我们的头脑中既有这个世界，又有另一个世界，我们致力于探索这两个世界的一致性。这种反思性的智识易于发现自己处于这个层面，却没有意识到有任何巨大的转折，也完全没有感觉到正在开始的新计划，而只是使自己服从反思的推动力，将它的帆朝着论辩的方向张开。因为，任何人如果在他的心中有了自然世界、上帝、人的活动及其命运这些属于其所在文明的概念，他就几乎无法阻挡地要尝试着把这一切都纳入标示他之所在的政治秩序的那些观念中。如果他无法这样做，他就会成为一个（完全）不自知的哲学家。

尽管我们可能在不知不觉中就跌跌撞撞地闯进哲学的边界，且我们宁愿在里面横冲直撞也不愿收缰勒马，但是，要实现富有意义的反思，当然还要求比漫不经心的努力、比仅仅是对那两个观念世界的接受更多的东西。这项事业的全部推动力是这样一种洞察，即实际存在的是一个单独的观念世界，这个世界出现在我们面前时被各种环境的抽象力所分割；我们的政治观念与那可被称为

观念剩余的东西事实上并不是两个独立的世界，尽管它们作为被分离开来的文本和语境出现在我们面前，但其**意义**却存在于一个消除了文本和语境之分离的统一体中，正如它始终存在于那里一样。我们可以从对文本和语境的独立评估开始，也许我们必须这样开始。但除非我们具体而微地恢复我们所预见的那个整体，否则反思的动力就不会耗尽。就此而言，关于政治的哲学反思只不过是对一个被人之偏爱的正常忽视所破坏和损毁的那个统一体的思想复原。然而，在对“我们的观念背后有什么”的任何新近研究中，人们迄今为止所做的却只是提出问题，而找不到答案。即使我们接受了我们文明的标准和评价，那也只有通过武断地终结反思，才能不再对那些标准借以表达的一般术语的意义进行思考：善与恶，对与错，正义与不义。反过来说，我们应该意识到我们所了解的一切都反映在整全之镜（*speculum universitatis*）中。

那么，不管这是否可以作为政治哲学之本性的一个假设概念来捍卫，它肯定描述了我们文明中对于政治的一种由来已久的反思形式。在政治和永恒之间建立起各种原则性的或细节性的、直接的或间接的联系，这是一项从来不会没有追随者的工程。事实上，对这项工程的追求还只是对我们文明的整个智识生活的某种特殊安排，是从一个特定的视角来组织和展示的整个智识历史。也许没有一种关于世界的本性、人的活动、人类命运的理论，没有一种神学或宇宙论，甚至没有一种形而上学，不曾在政治哲学这面镜子中找到自身的映像；当然，也没有任何一种深思熟虑的政治学不曾在永恒中寻求它的映像。政治哲学的这一历史就构成了《利维坦》这部杰作的语境。在这一历史的语境中来阐释它，就是要确

保它对抗这样一个致命的要求，即使它符合一个完全抽象的政治
6 哲学观念。

这样一来，对政治的这种反思在我们的思想史中就不能没有位置。政治哲学家的特点就在于他们对人的处境持有一种阴郁的观点：他们在黑暗中看待人。总的来说，在他们的著作中，人的生活不像是一次盛宴或旅行，而像是一种困境；政治与永恒之间的关联在于，政治秩序被认为有助于对人类的解救。甚至那些思想最远离黑暗与光明之截然对立的人（如亚里士多德）也无法完全避免这种心灵的倾向。一些政治哲学家甚至会被怀疑为了使他们的光亮更易于被接受而传播黑暗。用不同的说法来说，人是错误的傀儡，是罪孽、激情、恐惧和忧虑的奴隶，是他自己或其他人或两者共同的敌人——

O miseras hominum mentes, O pectora caeca
（啊，可悲的人类灵魂！啊，盲目的激情！）*

——而民政秩序看起来是他的得救方案的全部或一部分。设想这种困境的确切方式，人为了实现其自我解救所能产生的心智品质、想象或种种活动，民政安排和制度的确切本性和力量，获救的紧迫性、方法及内涵——这些就是每一种政治哲学的独特性之所在。时代或社会的思想成就，以及在思想习惯和视野上超越我们文明的或巨大或通过中介缓慢发生的变化，都反映在政治哲学中。政

* 引文出自卢克莱修（Lucretius）《物性论》卷二第 14 行。——译者

治哲学的每一杰作都来自对这种困境的新视角，每部杰作都是对某种得救的洞察或对某种治疗的建议。

因此，在一种政治哲学的基础和灵感中发现某种显然是偶然的因素，发现对特定时代的急迫需求、忧虑和激情等的感知，发现 7
对某个时代的主导愚行的敏感，这些都不会令我们惊奇：因为人的困境是普遍存在的，只是各处都显现为特殊的内容。柏拉图的思想由雅典民主制的错误所激发，奥古斯丁（Augustine）的思想由罗马的掳掠所触发，而刺激霍布斯心灵的是“对我的国家当下灾难的哀痛”，这个国家被那些呼求过多自由的人和那些呼求过多权威的人所分裂，它被交到了野心家的手中，后者为了实现其野心而利用了“轻率者”的嫉妒和怨恨。[1][2] 无须为这种特殊性因素感到惊奇，我们也不应由它误导我们，竟至于认为对一个政治哲学家来说，所需要的只不过是一种敏感的政治意识；因为至少就这部杰作来说，它始终是对在地方性的和短暂性的灾祸中显现的普遍困境的揭示。[3]

如果政治哲学史的统一性在于对“人类生活是一种困境”的普遍感觉，在于对欧洲智识景观之变幻气候的持续反思，那么，它那富有意味的多样性将会在三种伟大的思想传统中找到。各种政治哲学的特点（就像多数特点一样）并不是独一无二的，而是遵循着下面三种主要模式——它们是通过对政治的哲学反思而被铭刻在欧洲思想史上的——之一。我称其为传统，是因为传统的特性就

1　*E.W.*，II，i—xxiv.

2　*L.*，pp.3，274，549.霍布斯也想到了 16 世纪晚期法国的情况。

3　*L.*，p.271.

在于包容内在的多样性并使之统一，而不在于坚持与某种单一特性的相符，还因为传统具有变革的能力，却又不丧失其同一性。这些传统的第一种是以理性和自然这些主导性概念为特征的。它与我们的文明同时期；它带着一种未曾中断的历史进入现代世界，并通过一种适应欧洲意识之所有变化的无可匹敌的能力而生存下
8 来。第二种传统的主导性概念是意志和人造物(Artifice)。它也来自于希腊的土壤，并从多个源头，尤其是从以色列和伊斯兰世界获得灵感。第三种传统是较晚诞生的，直到18世纪才出现。在其尚未定型的表面所反映的宇宙论就是比照人的历史所看到的世界。它的主导性概念是理性化的意志，它的追随者以如下的信念为自己辩解，即它实现了前两种传统的真理，却又轻松地解决了它们的错误。政治哲学的杰作有其语境，不仅有政治哲学史对人类困境及解救的解释，而且通常还有处于该历史中的某个特定传统。总的来说，它是自身传统的最高表达。正如柏拉图的《理想国》(*Republic*)可以被视为第一种传统的代表，黑格尔的《法哲学原理》(*Philosophie des Rechts*)可以作为第三种传统的代表，《利维坦》则是第二种传统的巅峰之作。

《利维坦》是一部杰作，我们应该按照我们的方式来理解它。如果我们严重地思想贫乏，却还不致命，那我们对它的解读就不要超出它的两个封皮之外，而只打算从中引出它所包含的东西。这将是一个显著的成就，尽管有点偏狭。所得的回报则是对一种伴随其所有内在运动的辩证胜利的鉴赏，对此种胜利所具有的活力的欣赏。但《利维坦》不仅仅是这样的一个壮举(*tour de force*)。如果我们将它与霍布斯的其他出版著作并置在一起来阅读它，就

会觉察到它更宏大特性的某些方面。或者说，如果我们付出更多的努力，我们可以将它放在它的传统中来思考，这样，我们将会在它为我们敞开的观念世界中发现新的意义。但最终，我们可以在其中发现一部杰作的真正特点——一个处于观念漩涡中的静谧核心，它本身已吸纳了无数的思想潮流，既有当代的又有历史的，并通过它的向心力，在这些潮流被未来抛弃之前，将它们塑造和浓缩进一种即时性的意涵中。 9

3. 心智与风格

在一个人的心智中，形式和内容的统一(σ ύνολον)本身就是现实的；风格和材料，方法和学说是不可分的。当这个心智是哲学家的心智时，合理的规则是，只有在先考察这个整体表现为性情气质、思想方式和写作风格等不那么正规的格式后，再去考察其专业性的表达。这种外在细节的证据当然不会带来与哲学的专业范围相关的实质内容，但它常常有助于我们理解那些内容。至少，我认为对霍布斯来说是这样的。

哲学出自某种心智倾向，这种倾向与数学天赋或音乐天赋一样是自然的天赋，尽管在特征上有所不同。哲学沉思在关于世界的知识方面所需的是如此之少，并且，相比于其他的一些智识追求来说，它又是如此独立于书本知识，以至于这种天赋很容易在早年就崭露头角。通常在其他人还在为自己如何言说或行动做准备的年龄，就已有某个哲学家被发现做出了其富有意义的贡献。霍布斯满满地拥有一颗自然的哲学灵魂(*anima naturaliter philosophica*)，但值得注意的是，他从42岁那年才开始哲学写作，而他的杰作是在他过了60岁后写成的。就其天赋而言肯定谈不上早熟；但我们能认定他对推理的热爱，对辩证法的激情——这就是哲学的天赋——在他年轻时的性格中就不存在了吗？霍布斯的研究者一直习惯于对这个谜采取一种简单的做法。霍布斯的生活被分成齐齐整整的几个阶段，他在中年时作为哲学家的出场尽管受到人们的赞扬却没有得到解释。中小学时光彩熠熠，大学时却游手好闲，早年庸碌，后来因对学术的某种感觉而受到触动，最后在他40岁时受到欧几里得(Euclid)《几何原理》书中几何证明力量的冲击而走上了哲学之路：这就是属于他的生命历程。但仍有某些东西值得探讨。已经收集到的材料表明，哲学和几何在霍布斯的思想中并不是同时出现的，思辨的天赋在他早年并不是没有得到发挥。[4]不过，以下这一点仍是对的：当他作为一个哲学作家出现时，他已是成人，心智已经成熟；他热切地进行尝试性探索的阶段并没有反映在他的书中。

当霍布斯通过其著作出现在我们面前时，我们不可能看不到其思想的力量和信心。他是傲慢的(但不是年轻人的那种傲慢)、专断的，他说话时用的是一种自信的终结性的论调：他知道一切，除了他的教诲将会如何被接受这一点外。在他那里没有什么东西是半成品或未展开的，没有什么东西还在进展中；没有承诺，只有兑现。还有自信，一种蒙田式(Montaigne-like)的自信；他已经接

4 列奥·施特劳斯(L. Strauss)，《霍布斯的政治哲学》(*The Political Philosophy of Hobbes*)。

受了他自己，他期望别人也以同样的方式接受他。当我们了解到霍布斯并不属于那些允许我们看到其思想形成过程的哲学家之列时，当我们了解到他在54岁前没有出版任何东西时，所有这一切都是可理解的。他的自信还有别的、更专业性的原因。他的哲学概念是通过假言因果推理来实现的，这使他不必遵循那些与事实和事件打交道的人所需的小心谨慎。[5] 但从根本上说，自信源于他的成熟，在他发言之前他就知道他是那些敢冒失应声的人的对手。忍住不表态既是霍布斯的性格和艺术，也是他的环境使然。他中年后的高寿给了他改变和发展的机会，而其他人只在早年才有此机会；但他自己并没有怎么利用这个机会。他常常出错，尤其
是在他轻率地涉足数学时，他还常常改变他的想法，但他很少收回 11
观点。他的自信从不曾离他而去。

如果说霍布斯的哲学著作给人的第一印象是它的成熟老练和深思熟虑，那它给人的第二印象则是显见的活力。就好像霍布斯心智中所有失去的青春都在这种突出的朝气品质中得到恢复和保持。奥布里(Aubrey)对他所做的一个更具启发性的评论是："他从来不会无所事事，他的思想总是在运作之中。"从这种活力产生了他的心智和风格的另一个显著特点——他的怀疑主义，他对体系的着迷和对辩论的激情。

一种哲学的推动力可以源于信仰[就像在爱留根纳(Erigena)那里一样]，或源于好奇心[就像在洛克(Locke)那里一样]，但在霍布斯这里，主要的动力却在于怀疑。当然，怀疑主义在当时甚嚣尘

5　*L*., p.554.

上，但在那个怀疑的年代里，他却是其中最激进的。他的怀疑不是蒙田那种精致的怀疑主义，不是帕斯卡（Pascal）挣扎于其中的那张脆弱之网，也不是笛卡尔（Descartes）那种方法论的怀疑；对他来说，怀疑既是方法又是结论，既是清除又是创新。如此引人注目的不是他的怀疑主义的技术性细节（我们稍后来考察它），而是它的暴烈。一种中世纪的激情压倒了他，使他把永恒真理的信仰者和真理的勤勉追求者、把信仰和科学都抛进了一个共同的谬论深渊。事实上，他的怀疑主义是如此放纵不羁、不计后果，以至于读者会为此惊呼“上帝啊，这是不可能的！”正如霍布斯自己在看到欧几里得《几何原理》中第 47 条定理的证明时据说曾惊呼过的那样。正是霍布斯本人的无畏态度使他的怀疑主义变得可信。他有勇气接受他的结论，并有信心基于这些结论进行建设。无论是破坏的能量还是建设的能量在霍布斯那里都是非常强大的。

一般来说，一个人既可以通过一个哲学体系，也可以通过任何其他方式而使自己落入荒谬的境地。不过，按体系去思考的冲动
12 从根本上说只不过是对每个哲学家都想达到的目标的苦心追求。对明晰性与简单性的激情，不满足于任何不融贯性的决心，拒绝牺牲一个经验因素来谋求另一个经验因素，这些都是所有哲学思维的动力，而它们又导向了体系。“智慧的欲望会导向一个王国。”对体系的追求是一种召唤，这不仅仅基于精致的学识和想象，而且——也许是更突出地——基于心智的活力。因为体系的原则不是对所有不适合体系的东西的简单排除，而是对融贯性的不断重建。霍布斯作为一个体系的创造者，不仅在他的同时代人中，而且在英国哲学史上都是出类拔萃的。他是用这样一种想象的力量来

构想这个体系的，以至于尽管相对简单，却差堪比拟于黑格尔那种宏大而精微的创造。但如果说创立体系需要巨大的思想活力，那么，不成为这种创造的奴隶就需要更大的活力。在生活中，成为一个体系的奴隶，就是不懂得什么时候要“将哲学搁置起来”，就是没有意识到非连贯性的最后胜利；而在哲学上，则是不懂得什么时候包容性的要求会压过连贯性的要求。在这里也可以看到，霍布斯的思想活力不曾离弃他。当我们考察其哲学的技术性细节时，我们会看到某种节制，比如使他避免了原子论哲学的节制；我们还会看到它并不僵化，这使他在处理政治问题时得以修正其哲学方法。当我们在此非正式地考察其心智的品质时，又可看到他这种看来很有弹性的能力，这种使他始终能够摆脱其体系的形式主义的活力。

对霍布斯来说，思考不仅仅被构想为运动，而且是被感知为运动。心思轻灵翔动，思想急速如飞，而激情的语言则适合于描述它们的工作。霍布斯的本性所具有的活力使他不可能不以争辩为乐。在他的血管里流淌着好争辩的血液。他拥有一个伟大的观念
阐发者所具有的那种明澈的天赋；但就性情倾向而言，他是一个斗 13
士，不懂得避免被攻击的策略。他是一个出色的辩论者，机敏、执着、富有想象力，他以论证和嘲弄的精妙结合驳倒了经院学者、清教徒和天主教徒的种种错误。但他也犯了一个错误，即认为这种风格是普遍有效的，既在数学上有效，也在政治上有效。因为论辩上的出色是一种败坏人的才能。总是为了赢而辩，就会僭夺对手的标准，锱铢必较则会替代所有其他的考虑。许多读者都会发现霍布斯的争辩是过分的，但那是一个格外活跃的头脑的缺点。它

从不曾完全混淆在击败对手与确立论题之间的区别，从不曾完全停止与他自己的对话，这种对话才是哲学思考的核心。但就像众多好辩者那样，他讨厌错误更甚于热爱真理，并开始过多地依赖于对手提供的刺激。在霍布斯那里有睿智，常常也有深刻的思虑，但在他那里找不到宁静。

我们已经看到霍布斯拥有突出的自信和心智活力，我们现在应该考虑他的思想是否也是原创性的。他像伊壁鸠鲁(Epicurus)一样，偏爱原创。他很少提及某位作家，以承认受其恩惠，他似乎经常为他在哲学上独立于过去而沾沾自喜。亚里士多德的哲学是“徒劳无益的”，而经院哲学只不过是“一堆谬论”。尽管他所读过的东西肯定比他有时愿意承认的东西要多——他最喜欢说的是，如果他读得与别人一样多，他所知道的应该就不会比人家多了——但他似乎始终满意于阅读那些有幸与他的思路相合的东西，他抱怨的是在他生命的某些时期因缺少对话所带来的困难，而不是抱怨缺少书籍。他意识到自己是一个自学成才的哲学家，一个业余爱好者，而没有笛卡尔式的训练或斯宾诺莎(Spinoza)式的背景。这种感觉也许被学术环境的缺乏这一点所强化。学院哲学
14 的时代已经过去，下一个时代又还没到来。17 世纪是独立学者的时代，霍布斯就是其中的一员，他走自己的路，并自行与学术界打交道。他对像哲学权威之类的东西的深刻怀疑强化了他源于环境的独立性。他通过与同时代人，特别是巴黎的同时代人的接触获得他所需的引导；他的灵感在于对哲学所需的方向有天生的敏感，如果这种哲学想要为同时代的科学提出的问题提供答案的话。在概念和构思上，他的哲学都是属于自己的。当他声称公民哲学“并

不比我的著作《论公民》更早”时，[6] 他同时说明了他在重新探讨人的意识事实方面所取得的个人成就，因为他解释了公民联合体的意义，他也解释了这种新知识所具有的普遍意义，他的时代得以借此评判它自身的智识成就。但尽管如此，他的哲学还是从属于某个传统。也许霍布斯真的像他所认为的那样是原创性的；要他承认自己真正受惠于这个传统，就要求他看到在经院哲学与现代哲学之间的关联，而这点直到今天才对我们变得清晰起来，不可能期望他能看到。他的哲学具有某种重写的性质。对它的作者来说重要的是他所写下的东西，因而只能期望他应该不在乎那些已经在那里的东西；但对我们来说，这两种著述都是重要的。

最后，霍布斯是一个**作家**，一个自觉的文体家，具有一种能传达其完整个性的个人风格的大师；因为在他的个性和他的哲学之间没有裂隙。他的写作风格对他的时代来说当然不陌生；属于他的这种风格既不像洛克所达到的那样不拘形式，也不似休谟(Hume)的那种简洁——这使休谟的风格成为一种今天的哲学作家也无法抛弃的模式。在一个以精致为荣的时代里，霍布斯是精致的。但他在力所能及的范围内，找到了一种能确切反映其性格 15
的写作方式。他的论辩旨趣在每一页上都灼然可见，他写作是为了说服人和驳难人。那本身就是一种训练。他富有辩才，机智过人，有自信的决断和造就心智的简洁；他既能彬彬有礼，又能辛辣地讽刺。但他的风格的最重要品质是它的教诲性和富于想象性。一般来说，哲学有两种风格，沉思性的和教诲性的，但也有许多作

6 *E.W.*, I, ix.

者属于某种风格，又不完全排斥另一种。那些采取第一种风格的人把我们引入其心智的隐秘活动中，它不太会用一种明确阐述的教诲把我们打发走。哲学对他们来说是一种对话，并且，不管他们是否会写成对话，他们的风格都反映了他们的观念。霍布斯的写作方式是第二种风格的范例。他所说的已经完全排除了他的思想过程中的怀疑和犹豫。提供给读者的只是一种沉淀物，或一种蒸馏的精华。这种风格的缺陷是，读者只能要么接受它，要么拒绝它；如果它启发了新的思想，这只能通过反对它才做到。霍布斯的风格是富有想象力的，不仅仅是由于充斥其书中的精妙意象，也不仅仅是因为它需要想象来建立体系。他的想象力看起来也是创造神话的力量。《利维坦》就是一个神话，它将抽象的论证转化入想象的世界。在其中，我们一下子就意识到一个具有复杂而变化关系的世界那稳固而简单的中心。论证不会比这样的转化做得更好，论证在明晰性中所获得的东西却可能以它在想象性中失去的东西为代价。但那种转化是一种艺术的成就，在政治哲学史上，只有柏拉图才与霍布斯共享了这种艺术。

4. 体系

在霍布斯的思想中，他的“公民哲学”属于一个哲学体系。因
16 此，解释其政治学的人就不可避免地要探究这个体系的特性。因
为，如果把这种公民理论的细节恰当地考虑为由它们所构成的一
个融贯整体的要素，那么，这种理论作为一个整体的意义就必须取
决于它所属的体系和它在体系中所占据的位置。

目前看来存在着两种观点。第一种观点是，霍布斯的哲学基础是一种唯物主义学说，他的体系旨在渐进地在自然、人和社会中揭示出这种学说，而这种揭示是通过他三本最重要的哲学著作《论物体》《论人》和《论公民》来实现的。这些作品可以说构成了一个连贯的论证，其中的一部分重新出现在《利维坦》中；而“公民哲学”这一新的筹划是基于一种“自然哲学”之上的政治学阐述，政治学被吸收进一种关于这个世界的唯物主义学说中，或者(甚至可以)说被吸收进那种体现在自然科学之结论里的世界观中。一种机械唯物主义政治学的形成来自于一种机械唯物主义的宇宙论。以下说法并非不正确，即那些出现在终极处的东西所具有的重要意义至少部分是由在开始时所证明或认定的东西决定的。第二个观点是，上述这一点无疑是霍布斯的主旨，但“使他困惑的不是这种成就而是这种尝试”。这个体系的结合处并不严密，而本应在一种唯物主义哲学的基础之上进行的连贯论证，将会在它自己的重压下崩溃。

我认为这两种观点都是错误的。但它们不仅仅是不注意霍布斯的语词的结果，恐怕它们还源于一种更严重的阐释错误，一种与哲学体系的特性有关的错误期望。因为这里所期望的是，哲学体系应该与建筑学上的类似情况相一致，因此，要在霍布斯的体系中寻找的就是作为一个单一整体来规划的基础和上层结构，公民哲
学则是其顶层楼房。人们也许会怀疑任何哲学体系是否适合于用 17
建筑学的术语来表呈，但可以肯定的是，这种类比确实扭曲了霍布斯的体系。他的哲学的连贯性，他的哲学体系，并不在于一种建筑

结构，而在于一种独特的、贯穿于其各部分的“充满激情的思想”。[7] 与其说这个体系是哲学迷宫的平面图或钥匙，毋宁说它是像阿里阿德涅（Ariadne）的线团一样的引线。[8] 它就像给予舞者的动作以意义的音乐那样，或者像给法庭的实践以融贯性的证据法那样。这个线团，这种隐秘的思想，就是一种关于哲学本性的学说的持续运用。霍布斯的哲学就是在哲学之眼的镜像中映现出来的世界，每一个形象都是一个新物体的表象，但它们又都由镜像本身的特性所决定。简言之，公民哲学属于一个哲学体系，不是因为它是唯物主义的，而是因为它是哲学性的；对这种体系的特性及政治在其中的位置的探究就变成了对霍布斯所思考的哲学特性的探究。

对霍布斯来说，哲学地思考就是理性地思考，哲学就是推理。所有其他的一切都服从于这一点，来源于这一点。正是推理的特性决定了哲学探究的范围和限度，正是这种特性赋予了霍布斯的哲学以融贯性和体系性。哲学在他那里就是显现在理性之镜中的世界，公民哲学就是反映在那面镜子中的民政秩序的形象。总而言之，在这面镜子中看到的世界是一个原因与结果的世界：原因和结果是这个世界的范畴。对霍布斯来说，理性有两种不同的目标：确定既定结果得以产生的条件因，或是确定在给定原因下所可能
18 产生的结果。[9] 但要更确切地理解他将哲学等同于推理所意味的东西，我们必须考虑贯穿于他所有著作中的三个对立：哲学与神学

---

7 “子曰：‘赐也，女以予为多学而识之者与？’对曰：‘然！非与？’曰：‘非也！予一以贯之。’”孔子（Confucius），《论语》（*Analects*），XV，2。*L*., p.19.

8 *E.W*., II，vi.

9 *E.W*., I，65—66，387.

（理性和信仰）的对立，哲学与“科学”（理性和经验主义）的对立，哲学与经验（理性和感觉）的对立。

推理只关心原因与结果。因而由此可以推出，它的活动必然会处在一个由作为原因的事物或原因的结果所构成的世界中。如果有另一种构想这个世界的方式，它就不在推理能力所能及的范围之内了；如果有一些从定义上说没有原因或无孕而生的事物，那它们就属于另一个世界而不是哲学的世界。对霍布斯来说，这立即就从哲学中排除了将宇宙作为一个整全物的思考，排除了无限的事物、永恒的事物，排除了终极因和只凭神恩或启示才可知的事物：它排除了霍布斯笼统地称之为神学和信仰的东西。他否定的不是这些东西的实存，而是它们的合理性。[10] 这种划出哲学关切之边界的方法当然不是霍布斯原创的。它的根源可追溯至奥古斯丁（如果不是更早的话），在17世纪，这种方法则直接继承自司各脱（Scotus）和奥卡姆（Occam）的阿威罗伊主义（Averroism）（在这个世纪，这种方法的其中一面就是作为信仰主义的异端而著名，蒙田和帕斯卡都是信仰主义者）。事实上，这种学说是现代哲学得以发端的经院哲学的种子之一。这样一来，哲学解释关心的就是有原因所促成的事物。此类事物构成的世界必然是一个排除了神学的世界；它内在的运动包含了其各部分之间的相互影响：吸引和排斥，而不是成长和发展。它是一个按照机器的类似物来构想的世界，在这个世界中，要解释一个结果，就要去寻找其直接的原因；要

10 *L.*, p.80; *E.W.*, I, 10, 410.

19 寻找某个原因所致的后果，就只有去寻找其直接的结果。[11] 换言之，霍布斯哲学中的机械论因素来自于他的理性主义；它的根源和权威不在于观察，而在于推理。他并没有说自然世界是一架机器，他只是说，理性的世界可以类比于一架机器。他是个经院的而非“科学的”机械论者。这并不意味着这种机械论因素在霍布斯那里不重要，只是意味着它是派生的。事实上，它是最重要的，因为霍布斯的哲学从各个方面来说突出地是一种**权力**哲学，这恰恰因为哲学是推理，推理是对机械论的阐明，而机械论就其本质而言是各种力量（forces）的组合、转化和分解。哲学本身的目的是权力（power）——知识本身就是权力（*scientia propter potentiam*）。[12] 人是各种权力的复合体；欲望是对权力的欲望，骄傲是关于力量的幻象，荣誉是关于权力的意见，生命是权力的无休止运作，死亡是权力的绝对丧失。民政秩序被看作各种权力的协调，这不是因为政治被普遍视作各种权力的竞争，也不是因为公民哲学必须从自然哲学中借取概念，而是因为要使民政秩序服从于理性的探求，就不可避免地要将它变成机械论。

在霍布斯的著作中，哲学和科学并非显而易见地（*eo nomine*）对立。这种对立在 17 世纪本来就是不可能的，因为那时还没有诸学科的分化，它还不被动摇地包含在人类知识的统一体这个概念中。事实上，霍布斯通常将科学这个词用作哲学的同义词；理性知识就是科学知识。不过，霍布斯已经接近这样一个开端，即从一个

---

11 *E.W.*, II, xiv.

12 *E.W.*, I, xiv; *O.L.*, I, 6.

新的角度来看待知识的结构及组成部分，这种视角的变化在洛克 20
那一代变得更清晰，而到康德（Kant）那里得以完成。就像培根和在他之前的其他人那样，霍布斯对知识的*类型*有他自己的分类。[13]他对同时代科学家的著作所持的暧昧态度暗示的正是这种分类，它包含着在哲学与我们后来所称的“科学”之间的区分。他以一种不同寻常的充沛热情提到了由开普勒（Kepler）、伽利略和哈维（Harvey）所带来的巨大进步；他说“天文学的开端并不始于更早的时代，而是始于哥白尼（Copernicus）”；[14]但他对这门“新的或实验性的哲学”既没有同情，甚至也缺乏耐心，他毫不掩饰自己对当时刚成立的皇家学会的工作的蔑视。但当我们明白霍布斯想干什么时，当我们理解他思想中的少数几种内在的紧张之一就来自于科学和哲学之间已尝试过却未完美实现的区分时，他的这种暧昧态度就不再是个悖论了。现在对我们来说众所周知的是，这种区分是关于事物外表的知识与就其外表的真实性所进行的探究之间的区分，是现象世界的知识（包括所有必要的假定）与一种关于知识本身的理论之间的区分。霍布斯意识到了这个区分，他对此的意识使他与洛克和康德结为同盟，而与培根甚至笛卡尔分道扬镳。他认为他作为哲学家的关怀是这些探究中的第二种而非第一种，然而，这种区分在他的头脑中仍只有不完整的界定。但当我们考虑到他思想的出发点和他认为有必要探讨的问题的特性时，哲学对霍布斯来说意味着某种不同于自然科学研究的东西这一点就立

13 *L*., p.64.

14 *E.W.*, I, viii.

刻显露无遗。他从感觉开始，之所以从这儿开始，不是因为在说出这些感觉时不存在欺骗或欺诈，而是因为我们有感觉这个事实对
21 他来说似乎是我们唯一可以毫无疑问地确定的事实。[15] 他要问自己的问题是，要使我们有我们所确定无疑地经验到的那些感觉，世界**应该**像什么样子？他的探究深入感觉的原因，这种探究不是通过观察的方式而是通过推理的方式被引导的。尽管他提出的答案在某种程度上要归功于科学家的启发，但这无助于改变在科学和哲学之间的区分，这种区分是内在于问题本身的。对他那个时代的科学家来说，自然界几乎就是一架机器，开普勒已经提出在物理学中用“力”(*vis*)这个词来替代“生命”(*anima*)这个词；而霍布斯关心的是理性世界(它就定义而言也可以被类比为一架机器)，他发现科学家们的某些一般观念也有助于达成他自己的目标。但这些情有可原的挪用根本不会使他的探究接近伽利略或牛顿(Newton)的探究。哲学是推理，但现在它不是与神学相对照，而是与我们后来所知的自然科学相对照。问题在于，在一个科学的时代，哲学的任务是什么？这个对19世纪的影响如此之深的问题已经为霍布斯所熟悉。但要在他的公民哲学中找到社会学或政治科学的开端，找到后来“将自然科学的方法视作政治科学的恰当范式”[16]的思想运动的开端，这是对霍布斯的意图和成就的误读。

但最终将哲学区别出来并揭示其完整特性的对立是哲学与霍布斯所说的经验之间的对立。因为霍布斯在阐发这种区别时，向

15　人们会想到，蒙田那种杰出而不拘一格的天才已经察觉到我们最确定的知识是我们自身所知的东西，并已经使之成为一种内省的哲学。

16　约翰·密尔(J.S.Mill)：《自传》(*Autobiography*)，第165页。

我们展示了开始成形的哲学，他将哲学作为一个被促成的东西来展示，并将之与其原因联系起来，进而将它本身建立为理性思考的一个恰当主题。人的心智史从感觉开始，“因为在人的心智不首先 22
全部或部分地通过感觉器官产生出来之前，是不存在概念的”。[17] 也许某些感觉瞬间即逝，既不指涉其他的东西，也与时间感无涉。但通常说来，感觉需要一种最低限度的时间而不是单纯的瞬间，并达到一种已经贮有以前感觉之残余的心智状态，因此，如果不赋予某种时间感——记忆，感觉就是不可能的。[18] 感觉包含着回忆，而一个人的经验只不过是回拢起来的一些感觉后像。但从人的回忆能力（power）可以推出另一种能力，即想象。想象是一种在心灵中回忆并翻查过去感觉衰退后的剩余物的能力，是一种甚至在感官本身不再说话时还能体验的能力。进一步说，想象尽管依赖于过去的感觉，却并不是一种完全从属性的功能；它能将在不同时候感受到的感觉剩余物拼接在一起。事实上，在想象中，我们不仅可以在心灵中有我们从未实际见过的东西的形象（正如我们虽只见过金子和山，却可以想象一座金山），而且甚至可以有我们从未见过的东西，如喷火怪。但想象仍是从属性的，因为“如果从不曾有过类似的东西出现在我们的感觉中，我们就无法从一个想象转到另一个想象”。[19] 还有两个东西属于经验，作为经验的结果。第一个是**历史**，它是对过去经验的有序记录。第二个是慎虑，它是借助对以前发生之事的回忆来预期经验的能力。“利用我们关于过去的

---

17 *L.*, p.11.

18 *E.W.*, I, 393.

19 *L.*, p.18.

观念，我们构造了未来。”[20]一种完好的、充分回忆起来的经验可以提供慎虑者所具有的那种“预见”和“智慧”，那种智慧来自对原因和结果的评判，它是由时间而非理性教给我们的。这就是经验的
23 目的和顶峰。在慎虑者或睿智者的心中，经验呈现为一种知识。它受感觉的支配，因而必然属于个人，是一种关于特殊事物的特殊知识。但在其范围内，它又是“绝对的知识”；[21]对它没有可怀疑的理由，真理和错误的范畴都不适用于它。它仅仅是非批判的“关于事实的知识”：“经验不包括任何普遍的东西。”[22]它所有的特点都与哲学知识判然有别，后者因其是推理而得，所以是普遍的而非特殊的，是关于推论的知识而非事实的知识，是有条件的而非绝对的。

现在，我们的任务是追随霍布斯，以理解他对于理性知识来源于经验这一点的说明。原则上，经验（也许除开它出现在历史中之外）是人与动物共享的某种东西，只是程度有别而已：记忆和想象都是感觉自动产生的机械产物，就像投到水面的东西沉入水底后在水面所继续的运动那样。为了克服这种感觉经验的限制，并获得对我们感觉的理性知识，我们要求的不仅是要有感觉，而且要意识到有感觉这一点；我们要求有内省的力量。但如果这种力量要避免成为一个轻松的“解围之神”（*deus ex machina*）的归责，它的原因就必须落在感觉自身中。语言满足了这些条件：它使内省成

---

20 *E.W.*，IV，16.

21 *L.*，p.64.

22 *E.W.*，IV，18.

为可能，它来自人与动物共有的一种力量，即发出声音的生理力量。虽然“在说话或向他人表示什么时所运用的”[23]语言是人用以相互表明其想法的方式，但它首先是人可以向他自己传达想法或意识到其心灵内容的唯一方式。语言的开端是给感觉的后像命名，因此就开始意识到它们；为这形象命名的行为就是对它生成意
识的行为。因为“名称是任意采用的一个词，用作在我们心灵中提 24
出像我们以前所具有的某种想法那样的记号”。[24]

语言，给形象的命名，本身是没有道理可寻的，它是所有推理的任意性前提：[25]理性知识的产生就语词而言是在经验之外的。语言的功效是“记录我们的思想”，固定那些在本质上转瞬即逝的东西。而从这一功效可推出定义的可能性，一般名词、命题和理性论证的结合，所有这些都在于“名词在语言中的恰当运用”。尽管推理随之带来了一般性知识，带来了真理及其反面，即谬误的可能性，[26]但它绝不可能超越名词的世界。推理不是别的，只不过是名词的加加减减，它“给我们的结论不是关于事物本性的结论，而是关于事物的名词的结论。也就是说，我们通过理性所发现的，只是我们在名词之间建立的联系是否与我们在其意义上所建立的任意性的惯例相一致”。[27] 这既是一个唯名论学说，也是一个深刻的怀疑论学说。真理是普遍的，但它们是名词，是感觉所剩留的形象的

23 *E.W.*, I, 16.

24 同上。

25 这就是为什么缺乏推理的内省是可能的。*E.W.*, I, 73.

26 因为真理出自命题，其反面是一个荒谬的或非感觉的陈述。错误属于经验世界，它在预见上是失败的。*L.*, p.34.

27 *O.L.*, V, 257.

名词；而一个正确的命题并非关于真实世界的断言。如此一来，我们就可以克服感觉-经验的局限，并达到理性的认识；而哲学所关心的正是这种具有其自己的严格限度的知识。

但哲学不仅仅是关于普遍性的知识，它还是关于原因的知识。霍布斯不太正式地将哲学描述为“人的自然理性，它在各种造物中
25 上下求索并带回有关其秩序、原因和结果的真实报告”。[28] 我们已经看到，霍布斯是如何通过将哲学限制在有关由原因促成的事物的知识上（因为推理本身必定会遵循这种限制），而将之与神学分开的。我们现在不得不考虑他为什么相信，推理（因而还有哲学）的基本任务是对由原因促成的事物之原因的说明。对霍布斯来说，原因是任何事物得以存在的方式。不同于亚里士多德的任何原因，它在本质上是产生结果的原因，在时间上先于结果。关于原因的知识因而就是事物如何被形成的知识。[29] 但哲学为什么必定是这样一种知识呢？霍布斯的回答看起来是：首先，这种知识可以从推理中得出，而这对于单纯的经验来说则是不可能的；其次，既然根据假定（*ex hypothesi*），哲学的素材是结果，那我们扩大关于结果的知识的唯一可能性必定就在于关于原因的知识。如果我们在对结果的经验上，增加了关于它的产生的知识、它的“构成性原因”[30]的知识，那我们就知道了一切可能被知道的东西。简言之，

---

28 *E.W.*, I, xiii.

29 *E.W.*, VII, 78.

30 *E.W.*, II, xiv.

关于原因的知识是哲学的探寻，因为哲学就是推理。[31]

哲学知识不同于经验的第三个特点是，它是有条件的，而非绝对的。霍布斯的教诲是，在推理时，当我们得出结论说某物的原因是这个或那个时，我们所意味的只可能是，这个或那个是可能有效的原因而非实际的原因。有三个标准可用以判断那个被提及的原因，而证明该原因实际起作用这一点却不在其中。对推理来说，一个原因必须是“可想象的”；必须显明，结果的必然性是从原因而来的，必须显明，没有任何虚假的东西（即不在结果中呈现出来的东 26
西）能从中派生出来。[32] 满足这些条件就可以被描述为一个假定有效的原因。哲学就被限制在对这种原因的说明上，霍布斯在许多场合表明了这一点。它不仅可以用在他的哲学的细节上，而且可以用在所有原因中最普遍的原因上、用在物体和运动上。比如，当他说一个圆的原因或产生在于“一个物体绕圈运动，而其中的一端仍保持不动”时，他还补充说，这提供了“某种（图形的）产生，尽管圆也许不是由此而形成的，然而它也可以借此而形成”。[33] 当他考虑感觉的原因这个一般性问题时，他不是用范畴性的陈述来总结说物体和运动是唯一有原因的存在，而是说物体（即独立于思想并填充了空间一隅的东西）和运动是我们有感觉这一点的假定有效的原因。如果没有物体，就不可能有运动，而如果没有物体的运动，就不可能有感觉；始终感觉同一个东西与根本没有感觉到任何东西

31 霍布斯还给了一个附加的理由，即关于原因的知识对人类是有用的。*E.W.*, I,7—10.

32 *Elements of Law*, Appendix II, § 1,168.

33 *E.W.*, I,6,386—387.

是一样的(*sentire semper idem et non sentire ad idem recidunt*)。[34] 自始至终,霍布斯都认为哲学只不过是一种有条件的知识,是关于事物的名词而非事物的本性的假定的生成和结果的知识。[35] 哲学必须满足于这些知识,尽管它们只是各种拟制(fictions)。事实上,哲学可以被定义为通过对正确拟制的推理而建立起来的东西。这种限制的原因是,既然这个世界已经是其所是,推理就不可能走得更远。“没有什么结果是上帝的力量不能用多种不同的方式来产生
27 的”,[36]视觉的(*ad oculos*)证明是不可能的,因为这些原因是理性的而非可感知的,因此,理性所能企及的最远范围就是对满足那三个理性标准的原因的说明。

因此,我的论点是,霍布斯哲学的体系在于他关于哲学知识之本质的概念,而不在于关于世界的任何教诲。他的哲学所鼓舞的是这样一种意图,即去接受理性的指导,而抛弃所有其他的指导:这就是给它以融贯性、使它与**信仰**、“**科学**”和**经验**区别开来的那根引线,那个隐秘的想法。它还提防一个可能的错误。霍布斯的理性主义谱系不(像斯宾诺莎或笛卡尔那样)属于伟大的柏拉图-基督教传统,而属于怀疑论、晚期经院哲学的传统。他通常不说**理性**,不说将人与上帝统一在一起的、对心灵的神启;他说的是推理。

---

34 *O.L.*, I, 321.

35 *L.*, pp.49—50.

36 *E. W.*, VII, 3. 可以看到,这里所承认的是所有 17 世纪科学通常未言明的前提:司各脱主义相信自然世界是全能的上帝从无中(*ex nihilo*)创生出来的,因此关于它的细节的范畴知识是不可推导的,而必须是观察的产物(如果它存在的话)。霍布斯颇为典型地坚持了这种传统,他说关于上帝我们唯一能知道的事就是他的全能。

他像蒙田那样是被理性的不可靠性和局限性说服的。[37] 借助推理,我们当然可以超越纯粹的感觉-经验,但当想象和慎虑产生出理性的知识时,它们并没有像雄蜂那样死去,它们继续在人的生活中发挥推理本身无法消除的功能。确实,在霍布斯看来,人主要不是推理的造物。这种做一般假言推理的能力使人区别于动物,但他从根本上说仍是激情的造物,正是通过这种与推理同样重要的激情,人才获得了他的拯救。[38]

我们已经考察了霍布斯的哲学观,因为公民哲学是哲学(无论它还是其他什么)。公民哲学这个《利维坦》的主题恰恰是这种哲学概念在公民联合体中的运用。它并不是唯物主义哲学的最后一
章,而是公民联合体在一种理性主义的哲学之镜中的映现。但如 28
果说公民哲学的属是它作为哲学的特性,那它的种差则源于有待被思考的质料。公民哲学探讨的是公民联合体的产生或构成原因。指望公民哲学予以说明的这种假定有效的原因是由如下事实决定的:公民联合体是一种人造物,即它是人工的而非自然的。然而,断言公民联合体是一种人造物,这就已经解决了它的产生问题,但霍布斯自己并不是从这种断言开始的。他的方法是通过思考其产生来确立公民联合体的人工性。但为了避免错误的预期,我们最好先预先提示一下这个论断并考虑他在人工与自然之间所做的这种区分意味着什么。

37 *L*., p.34.

38 *L*., p.98.

霍布斯没有给我们集中说明他关于人造物的哲学，我们需要将它从分散的思考中汇集起来。但当它们被汇集起来时，它们就构成了一种融贯的观点。艺术的作品是心智活动的产物或结果。但这本身并不能将它明确地与自然区分开来，因为宇宙本身应该被看作上帝心智活动的产物，而我们所谓的“自然”对上帝来说也是一件人造物；[39]人的心智活动的产物在确立起自己后，对观察者来说就变成了他的自然世界的一部分。那么，更确切地来定义，一个艺术的作品就是从其原因的角度来看的心智活动的产物。既然我们不得不考虑的是人的艺术作品，那我们就必须探究可能产生艺术作品的这种自然的人类心智活动，因为艺术作品的原因必定在于自然，亦即在于经验。看来相关的心智活动是意志和推理。但推理本身是人工的而非自然的；它是一种“习得的”而非“天生
29 的”心智活动，[40]因此，它就不可能被看作艺术作品之产生的组成部分。[41] 这样，留给我们的就只有意志，它毫无疑问是一种自然的心智活动，它属于经验而非推理。人之艺术作品的原因（当然是假定的且有效的）就是人的意志。而意志是“斟酌中的最后欲望”，斟酌则是以欲望和嫌恶为主题的心智推演。[42] 它是一种创造性的活动（不仅仅是模仿性的），它以与想象同样的方式作用于感觉，创造出一个由迄今为止一直孤立的各部分组成的新世界。意志和想象都是从属性的，这只是因为它们的产物在涉及其机械结构方面必

---

39 *L.*, p.5.

40 *L.*, p.29.

41 “自然理性”这种说法在霍布斯的著作中并不缺乏，但它意味着的是个人的推理，与利维坦这个人造人的双重人为推理形成了对照。*L.*, pp.5,42,233,242; *E.W.*, I, xiii.

42 *L.*, p.38.

定像自然那样；也就是说，是原因和结果的复合体。[43] 而且，意志进行创造不仅仅是在它个别独处的时候，同时也是在与其他意志协调时。在意志之间的协议的产物与一个意志的产物一样，是艺术作品。而公民联合体作为一个艺术作品，其独特性在于它是由众多意志产生出来的。在霍布斯那里，公民(civil)这个词意味着从不止一个意志中涌现出来的人造物。公民史(civil history)(不同于自然史)是对源于国家中的人的自愿行动的事件的记录。[44] 公民权威则是从众多意志的协议中产生的权威，而自然权威(如家庭中父亲的权威)则没有这样的起源，因此就有不同的特性。[45] 从公民联合体的出现这个角度来看，公民联合体本身就是与自然聚落(natural gregariousness)相对立的。[46]

基于对“公民的”和“哲学的”这两个词的意义的理解，我们现
在就可以确定对公民哲学有何期待了。也许可以从中期待两件
事。首先，它将展示公民联合体作为原因和结果所构成的体系的 30
内在机制，厘清公民联合体各部分的产生机制。其次，我们可以期
望它根据一个假定有效的原因，弄清作为一个整体的人造物的产
生问题，亦即展示这个从人的特殊本性中产生出来的艺术作品。
但可以看到，对任何接受了霍布斯的观点来从事这项任务的人来
说，有两条途径可供选择。我们已经看到，哲学可以从一个既定的
结果去推断它假定有效的原因，也可以从既定的原因去推断它可

---

43 *L*., p.8.

44 *L*., p.64.

45 *L*., p.153.

46 *L*., p.130.

能的结果。第二种论证的方式常常被排斥；在涉及感觉时就是这样，这时给定的是结果，要寻求的是原因。但在公民哲学中，以及在所有与人造物有关的推理中，这两条途径都是可行的；因为原因和结果[人的自然(本性)和公民联合体]两者都是被给定的，哲学的任务就是将每一个的细节一一对应地连接起来。霍布斯告诉我们，[47]他关于这个主题的早期思考采取了从结果(公民联合体)到原因[人的自然(本性)]、从艺术到自然的论证形式；但值得注意的是，不仅在《利维坦》中，而且在他对其公民哲学所做的其他说明中，论证形式都是从原因到结果、从自然到艺术的。但既然生成是理性的而非自然的，那么从哪个方向来思考显然是无关紧要的。

5.《利维坦》的论证

就《利维坦》的论证所做的任何有价值的说明都必然是一种解释；而这种说明因其是一种解释，就不能成为文本的替代物。专门的评论可以避免；但含蓄的评论不可避免，它体现在内容的选择、
31 重点的强调、语言的变化以及脱离文本的思想顺序等方面中。

人的自然(本性)是人类的困境。关于这种自然(本性)的知识来自于内省，每个人都在解读他自己，以便在他自身中辨识人类。公民哲学就是从这种关于人的自然(本性)的知识开始的。[48]

---

47 *E.W.*, II, vi, xiv.

48 人是一种机械结构，但一种机械结构可以从不同的抽象角度来分析。比如，对一只表的运作，可以依据数量关系从数学上来描述，可以用力和惯性的物理学术语来描述，也可以依据其可见的部件，发条和指针来描述。而选择一个角度并不否认其他角度的可能性。霍布斯在选择内省作为公民哲学所要求的那种关于人的知识时，不过是选择了他认为相关的抽象角度而已。

人是一种感觉的造物。在他的头脑中没有什么东西是不曾作为感觉而存在的。感觉是感觉器官在大脑中所引发的连带运动;在对感官的刺激消失后,在头脑中还留有缓慢消退中的感觉残余物,它被称作“映像”或“观念”。想象是对这些映像的意识,我们可以想象曾经在感觉中但现在已不再在那儿的东西。记忆是对这些映像的回忆。一个人的经验是他记忆的全部内容,是他在回忆中能获得的感觉剩余物。心智推演(Mental Discourse,或译“心理讨论”)是在头脑中前后相继的映像。这种接续可能是偶然的,也可能是有规则的,但它总是追随着某些以前的感觉接续。一个典型的有规则的映像接续就是作为结果的映像通过记忆唤起了作为其原因的映像。通过将与过去的感觉相连的映像记忆与现在的感觉映像经验相结合,我们就可以预期其他映像的出现,这时,心智推演就变成了慎虑或预见。慎虑是自然的智慧。所有这些合起来就可以叫作“人的接受能力”。它们的原因是感觉(我们无须在此探究感觉的原因),而它们不过是在大脑中的运动而已。[49]

不过,在大脑中还有另一组运动发源于此,它可以被笼统地称
作“人的活动能力”,即他的情感或激情。这些运动被称作“自觉运 32
动”,以区别于像血液循环这样的非自觉运动。自觉运动(voluntary activity)是响应某个观念而进行的运动,因此,它是从想象开始的。它的无明显区分的形式被称作“意向”(Endeavour)。当它指向它所发端的映像时,就被称作“欲望”(Desire)或“欲求”(Appetite),而当它避开产生它的映像时,就被称作“嫌恶”(Aversion)。爱与欲望

49　*L*., chs.i—iii.

相应,恨和嫌恶相应。凡是一个人的欲望所趋的对象,就被他称作“善”;凡是他所憎恶的,就被他称作“恶”。因此,没有什么东西就其本身而言是善的或恶的;因为不同的人所欲求的东西也不同,而每个人都把他的欲望对象称作“善”,况且,同一个人也会在不同的时刻对同一个东西或爱或恨。快乐是头脑中伴随着被他认为是善的东西的映像而出现的运动,痛苦则是伴随着被认为是恶的映像的运动。因此,正如在头脑中的映像接续被称作“心智推演”(其终端是慎虑)一样,在头脑中的感情接续被称作“斟酌”,其终端则是意志。当欲望和嫌恶交替出现而没有做出一个决定时,就可以说我们处在斟酌中;当做出一个决定,欲望被集中在某个目标上时,就可以说我们对此有了意志。意志是斟酌过程中最后的那个欲望。对于人的活动能力来说,不可能有最后的终极目标,不可能有至善(*summum bonum*);[50]人的行为不是目的论的,它在获取一个人所不时地欲求的那些东西时关心的是持续的成功,而成功不仅在于获得所欲之物,而且在于确保未来所欲求的东西也可以被获得。这种成功就叫福祉,它是一种运动的状态,而不是一种静止或宁静的状态。一个人用以获得这种成功的手段可被笼统地称为
33 “他的权力”;因此,在人那里存在着对权力的恒久而不止息的欲望,因为权力是福祉不可或缺的条件(*conditio sine qua non*)。[51]

人的接受能力和活动能力都直接来源于人所拥有的五种感官,这些感官是它们的有效原因。既然我们与动物共同拥有这些

---

50 不过,存在着至恶(*summum malum*),那就是死亡。它的反面,即活着,则只是一种“基本的善”(primary good)。*L.*, p.75; *O.L.*, II,98.

51 *L.*, chs.vi,xi.

感官，我们就与它们共同拥有这些能力。人和动物并没有同样的映像和欲望，但两者都同样地有想象和欲望。既然这没有什么不同，那使人与动物相区别的东西是什么呢？区别在两件事上：宗教与推理的能力。这两者既是自然的，又是人工的：它们属于人的自然（本性），因为它们的产生在于感觉和情感；但它们又是人工的，因为它们是人的心智活动的产物。宗教和推理都是人类自然（本性）的人工继承品。

推理的特性以及它来自于语言的发明这一点已经说明过了。这里只需补充一点，即正如慎虑是想象的最后产物、福祉是情感的最后产物一样，学问（Sapience）是推理的最后产物；而学问是通过推理发现的大量关于感觉名称之原因和结果的普遍性的假言结论或原理。[52]

宗教的种子如同推理的种子那样，就在人的自然（本性）之中，尽管出于那个种子的东西，即一套特定的宗教信仰和实践，是一种人造物。宗教的产生是慎虑的必然缺陷，是人的经验之匮乏。慎虑是对基于回忆的可能未来的预见及对同样基于回忆的可能原因的洞察。它直接的情感结果是缓解焦虑和恐惧，对一种未知的原因或后果的恐惧。[53] 但既然它的范围必定是有限的，它就有这样一种附加的结果，即它增加了人对于超越那种限制的东西的恐惧。慎虑在为控制恐惧而划定范围时，也增加了对仍被恐惧之物的恐 34
惧；人既然有某种预见性，他们就会格外焦虑，因为那种预见是不

52 *L*., chs.iv, v.

53 对霍布斯来说，恐惧是对被认为有害的某种东西的嫌恶。*L*., p.43.

完全的。(动物几乎或根本没有预见,就只遭受因缺乏预见所致的较小的恶,而不会遭受预见的限制这类更大的恶。)宗教是适合于这种境况的心智活动的产物。它出自对那些超越慎虑的力量所能企及的东西的谨慎恐惧,[54]是对被恐惧之物的崇拜,因为它不是理解。它的对立面是知识;它的另一面是迷信,即源于对那本当是知识对象的东西的恐惧而产生的崇拜。作为宗教源泉的永恒恐惧寻找的是一个可以使自己专注于其中的目标,它称那个目标为上帝。诚然,在推理时,锲而不舍可以揭示第一因的不可或缺性,但几乎无助于了解第一因本身,因此人们对它的态度必定始终是崇拜的而非知识的态度。每个人基于其经验的限制和恐惧的巨大,他就奉献崇拜和荣誉给上帝。[55]

我们正在考察的人之自然(本性)是个体之人的内在结构和力量,即使他是他这个种类的唯一范例,这种结构和力量也还是属于他的:我们所考察的是这个孤独者(the solitary)的特性。他生活在他自己的感觉和想象、欲望和嫌恶、慎虑、理性和宗教构成的世界中。就他的思想和行动而言,他只对他自己负责。他意识到拥有某些力量,他运用它们的权威仅仅在于这些力量的存在,那种权威是绝对的。因此,在考察我们这个孤独者的特性时,一个来自另一世界的观察者会不无恰当地把一种自然的自由或判断的权利归给他,这是他在为实现其自然(本性)所赋予的目标而运用其身心

54　*L.*, p.82.推理的限制也产生了恐惧,一种对超越理性之辨识力的东西的理性的恐惧。

55　*L.*, ch.xii.

力量时所体现出来的。[56] 在追求福祉时，他可能犯错，在他的心智 35
推演中，他可能有失误，在推理中，他可能出现谬论，但否认这种追求的合理性就是无谓地否定其性格和存在的合理性。而且，当我们的这位孤独者运用他的推理能力来寻找合适的手段以达到其情感的自然（本性）所规定的目标时，如果他的推理是可靠的话，他就可能阐明与他的行动的可能结果相关的一些普遍真理或原理。这样看来，道德上不受拘束的行为（它可被称作“人运用其自然力量的自然权利”）以及阐明与追求福祉有关的普遍真理的可能性就是人之自然（本性）的必然结果。

还有两个进一步的观察。首先，在追求福祉时，某些心智和行动的习惯会被发现特别有用，它们被称为“德性”。另一些习惯则会阻碍这种追求，它们被称为“缺陷”。缺陷是被误导的德性。例如，慎虑总的来说是一种德性，但过分谨慎、瞻前顾后就使人沦为被钉在岩石上的普罗米修斯（Prometheus）的状况（他晚上的成就被白天的焦虑所侵蚀），从而抑制了追求。[57] 而人们可以看到的主要的抑制性缺陷是**骄傲**。它是荣耀的缺陷，它的其他名字叫自负和虚荣。荣耀是基于对一个人获得福祉的力量的真实估量而在心中涌起的欢腾，它是一种有益的感情，既是有充分根据的自信的原因，又是其结果。但骄傲却是一个人对自己力量的错误估量，是某种失败的前兆。事实上，骄傲是如此根本的一种缺陷，以致它可以

56 对霍布斯来说，当一个物体的运动不受阻碍时，就可以恰当地赋予其自由的属性。L., p. 161. 当然，这种“权利”不是源于自然法的权威，而是源于个人作为充足存在物（*ens completum*）的特性。

57 *L*., p.82.

36 被视作实现福祉的所有阻碍中的典型。[58] 其次，可以看到，死亡是非自愿的欲望中止和作为欲望终端的追求，是所有东西中最可憎的，是至恶。对于人们所恨之物，人们也怕它，如果它不在人们的控制之中的话。慎虑告诉人，他是要死的；通过接受这种思想，慎虑的人有时就可以通过避免一些可能致死的情况来避免死亡，这样一来，对死亡的恐惧就会被减弱。但死亡终将会把跑得最快的人也抛在后面；无论它有什么形式，死亡都是某种让人既怕又恨的东西。但当它完全不在慎虑的控制之中时是最让人恐惧的：最让人恐惧的死亡是没有任何预见的死——猝死。[59] 如此看来，骄傲是实现福祉的所有阻碍中的典型，而死亡则是所有嫌恶中的典型。

到目前为止，论证中的不现实因素并不在于这个我们一直在考虑其特点的孤独者是一个并不存在的抽象物（他的确存在并且是个真实的个体），而在于他不是单独存在的。现在必须承认这一事实，即他这样的人远不止一个；我们必须从人的自然（本性）转而考察人的自然状况。正是在这一点上，人类的困境开始显露；因为除了道德性之外，孤独者的特性并没有呈现任何可以恰当地被称作“困境”的东西。

像他那样的他人的存在以及不可能逃避他们的相处，这是在追求福祉中第一个真实的阻碍；因为另一个人必然是一个竞争者。

---

58 *L*., pp.44, 88.

59 在《利维坦》中，死亡本身被当作最大的恶；关于猝死的更进一步的表达是对出现在《论公民》和其他地方的观点的一种解释，即认为最大的恶是在他人手中的暴死。这不仅终结了对福祉的追求，而且是以一种令受害者感到羞耻的方式结束的：它宣判了他的劣等地位。

这不仅仅是观察，尽管任何坦率的观察者都可以看到其结果；这也 37
是从福祉的本质中推导出来的。因为，无论属于某个人的福祉在他看来是什么，他都必须用他所有的力量去努力争取，而为占有同一个对象而努力争夺的人就是彼此的敌人。而且，最成功的人将会有最多的敌人，并面临最大的危险。建立一所房子，培植一个花园，就是向所有其他人发出了用强力来夺取它的邀请，因为对于自己以不太费力的手段截取的东西感到厌烦，这有违于对福祉的共同看法。更进一步来说，竞争不会仅仅在两个或更多的人碰巧要同一个东西时出现，当一个人置身于与他类似的其他人中时，他的福祉不是绝对的而是相对的；由于它很大一部分来自于某种优越感，某种比他的同伴更胜一筹的感觉，所以，竞争是必然的而非偶然的。往好里说，在人与人之间有着一种恒久存在的潜在敌意，“一种为荣誉、财富和权威而展开的永恒争夺”。[60] 往坏里说，每个人与另一个人之间在力量上是如此地接近平等，以至于力量上的优势（它可以使某人摆脱竞争的不利：失败的可能性）差不多是一个幻想。人的自然状态就是诸平等者为追求属于福祉的东西（由于有追求优越的欲望，这种东西必定是稀缺的）[61] 而展开竞争的状态。但力量的平等所带来的不仅仅是恐惧的平等，还有希望的平等，这将促使每一个人都想方设法地去胜过他的邻人。结果就是公开的冲突，是一切人反对一切人的战争，在这场战争中，人的性格和环境的缺陷使他格外脆弱。因为，如果说骄傲，即对他自己力

60 *L*., p.547.

61 *L*., p.130.

量的高估，在一个人独处时会妨碍他选择最好的做法，那么，当他在攀比中受竞争者的影响时，它将是所有障碍中最有害的。在与
38 敌人相处时，更接近人的是死亡这个至恶，而非福祉。当一个人处于众人中时，骄傲是更危险的，而死亡是更有可能的。[62]

但更进一步说，这些自我驱动的福祉追求者之间的关系由于这样一种矛盾而变得复杂化了：他们既是敌人，但又相互需要。原因在于：没有他人，就没有对其优越性的承认，因此就没有引人注目的福祉；而且构成一个人的福祉中的许多满足，也许是大部分满足，都存在于他迫使他人做出的反应中。对福祉的追求，其中的很大一部分就是一个与他人讨价还价、斤斤计较的过程，在此过程中，一个人追求另一个人已经拥有的东西，他也必须为此提供某种满足作为回报。

现在也许可以确切地来表述人的这种困境了。在人的自然（本性）与人类的自然状态之间存在着一种激烈的冲突：一个人怀着成功的希望所要求的东西，另一个人却使之不可能。人是孤独的（solitary），他情愿只有他孤身一人（alone）。因为他可能通过他人的努力而得到的所有甘甜，都因他必须为此付出的代价而变得苦涩，而产生这种困境的既非罪孽，也非堕落；自然本身就是人之毁灭的创造者。

但就像普罗米修斯为人类带来的火种（它们本身并不温暖）那样，像卢克莱修及其之后的霍布斯认定的先于可见运动的初始运动（勉强这样来称它）那样，解救之道就在自然的母腹中。拯救者

62　*L*., ch.xiii.

不是来自另一个世界的访问者，也不是从混沌中创造秩序的某种上帝般的理性力量；无论是在处境中，还是在论证中都不存在断裂。这种疾病的治疗是顺势疗法。[63]

解救的前提是承认困境。正如在基督教理论中，罪人的悔改是朝向宽恕和得救的必不可少的第一步，在这里，人类也必须首先清除它自身中被称作“骄傲”的这种幻象。只要人还被这种幻象所 39
掌握，他就会希望，他今天在哪里跌倒，明天就能在哪里翻身。而这种希望是徒然的。这种净化的情绪（因为正是情绪所驱，我们才去寻找解救的开端）就是对死亡的恐惧。这种恐惧解释了慎虑，人是被对死亡的恐惧所文明化（civilized）的造物。在慎虑中开始的东西在推理中持续，艺术补充了自然的天赋。

因为，正如推理可以发现指引人在独在状态下追求福祉的真理，它也能够揭示他在与人竞争的情况下努力满足其需求的类似真理。在这种情况下，既然阻挠人们获取福祉的任何努力的威胁就是这种追求所具有的不受限制的竞争特性（或换言之，即战争），那么，为避免所有人对所有人的这种阻挠，借助理性发现的这些真理就可以恰当地被称为“和平的条款”。这些真理确实已经被揭示出来，它们就是规定这种竞争性地追求福祉的全部条件，如果所有人都遵守它们，它们就会增加每个人的满足的确定性——如果不说数量大小的话。它们有时被叫作“自然法”，但当它们被承认为是上帝或世俗主权者的命令时，这就是一个错误的名称，除非是在特殊的情况下（我们稍后来考虑）。恰当地说，它们仅仅是些原理，

---

63 *L.*, p.98.

是对那些会导致人之所需的最大满足的东西进行推理的产物。[64]而且除非它们从单纯的原理变成人类行为的准则，从准则变成法律；也就是说，除非它们被承认为在众所周知的管辖权限内有效的行为规则，向所有在此管辖权限内的人颁布，同时还为之附加了对不遵守者的惩罚并提供了实施惩罚的权力，否则它们就是无效的。但这种转变也处于人之艺术的范围内。这种行为规则恰恰是一种
40 承认它们为规则的协议的产物，而有语言功能的人不仅可以彼此交流其思想，而且还可以订立协议。事实上，他们的联合完全是从协议的角度来说的。简言之，人在获得其需要的满足时被对不成功的恐惧所驱动，在如何缓解这种不成功的问题上被推理的结论所引导，他们又被赋有使这些结论生效的能力，于是，他们就乐于采取这种逃避人类困境的方式。

关于人的推理在这个问题上的实质性结论被霍布斯总结在一条定理中：**己所不欲，勿施于人**。[65] 但比这更重要的是它的正式信息，即凡有人群存在的地方，每个人都会为获取他自己所需的满足而陷入与他人的无条件竞争中，而且他们都有大致相当的力量以获取每个人所寻求之物，因此，只有在竞争的无条件性被消除后，他们才可能在各自的努力上获得成功。取消竞争当然是不可能的，也不可能存在共同的或共有的福祉以说服他们将其关注转移到这上面来。在这种竞争中，每个人都寻求领先，并且不可避免地始终担心自己失去先机。如果这种竞争不至于把每个人都拖垮的

64 *L.*, p.122, 205.

65 *L.*, p.121.

话，那就一定有某些规则强加在它之上。这一点只有通过那些相关的人达成的协议才能做到。

在人类寻求满足其所需的日复一日的互动中，理性的这种信息可以经常被听到并被遵行。他们尤其(*ad hoc*)在讨价还价的程序上达成了协议，形成了正式的关系，甚至做出了或接受了关于未来行动的承诺并常常加以遵守。虽然这样的安排不可能增加其福祉的数量，但他们可以使这种追求较少地依靠机运。但对不确定性的这种消除从好的方面说是次要的，从坏的方面说则是虚妄的。在这些特定的人之间通过相互立约所形成的专门的正式关系是短 41
暂的；从长远来看，这些关系也许反映了被普遍接受的理性行为原理，但作为规则，它们是在这些相关者之间形成的特殊的和临时性的协议的产物。更进而言之，它们始终易于被竞争性的敌视这种实质性关系所破坏。即使这些协议包含了惩罚性条款，以适用于不遵守它们所制定的互动行为的场合，但这些条款(在缺乏执行它们的独立手段时)并无助于增加所追求的结果的确定性。而在对未来的反应的诺言由某个已经接受了有条件的好处的人做出时，就更是如此了。它声称要消除这种不确定性，但这取决于对这种诺言被履行的期望，也即取决于在应诺时间到来时，应诺者遵守其诺言是否符合他的利益。在霍布斯看来，一个理性的人要依赖这种诺言，必定是始终不能充分确定的。简言之，这些为增加满足所需之确定性的专门(*ad hoc*)手法被单独采用时，本身就要受到不确定性的影响；凡是在相互利益上存在着当下的、实质性的认同时，它们可能有某种便利；凡是这种认同不存在时，它们就只是提供了一种安全的幻象。

因而，在此所缺乏的，“恒常而持久地”消除那些阻碍着对个人福祉之共同追求的障碍所要求的，是一些制定好的、众所周知的行为规则和一种足以强迫那些属于其管辖权限内的人遵守它们的权力。这种事物的状况(condition of things)如何可能被想象成“有原因的”或“有源起的”呢？首先，它可以只是在相关的人中达成协议的结果。它是以特定的方式联合在一起的人，而人所有的联合都是通过协议完成的。其次，它可以只是某种特定的协议的结果；也就是说，在此协议中，一定数量的人——既不是少数也不是难以管理的多数——依据某种契约将自己联合起来，这个契约赋予某个代理人(actor)以权威，使他能够制定出长期有效的规则，无一
42 例外地适用于所有那些为满足其所需而努力的人，并保护这个联合体不受外人的敌视，同时赋予这个代理人以足够的权力去巩固这些行为条件并提供这种保护。或者说，如果这不是和平与安全所需条件的唯一可想到的原因，那至少也是一种可能的原因。[66]

如果这种契约表明自己并不抑制对福祉的追求，并不与那些立约者所谓的性格相冲突，那就需要有仔细的说明。它可以从不同的角度来看。一般而言，它可以被看作许多人在涉及“所有那些有关共同和平与安全的事情”[67]上同意让他们每个人的意志服从一个代理人的意志。更确切地说，它可以被视作这样一个协议，在此协议中，每个参与者都放弃他“自我管理”(或者说“受他自己的理性管理”[68])的自然权利，这种自然权利源于他无条件地追求自

66 *L*., ch.xvii.

67 *L*., p.131.

68 *L*., p.99.

已福祉的自然权利。但如果是这样的话，这种放弃的特性应该要详加说明：它应该不是对这种权利的单纯放弃，而是将它转交给了别人。每个人“自我管理”（即决定他赖以追求自己福祉的条件）的权利被转让给了一个代理人；也就是说，转让给一个在这个协议中被赋予权威去运用这种权利的代理人。但这个代理人应该是谁呢？他不是一个自然人，不是那些自然人中的一个，他们立约要放弃其自我管理的权利；如果是那样的话，他就不过是把其行为的管理权交到了一个只受满足其个人所需的欲望驱使的人手中。这个代理人是一个人造人，他代表了这样一些人或“承当了其人格”：这些人通过自己同意这样做，从而产生出这个人造人并赋予他所有行为的权威性。在这个契约中被创造出来并被赋予权威的是一个公职（Office），虽然它可能被一个或更多个的任公职者所占据，但它仍在其所有的公职行为和言辞中保持了单一性和至高性。由 43
此，和平与安全的条件就可被说成是这样一种结果：“每一个人与每一个人订立契约，其方式就像是每一个人都向每一个其他的人说：我赋予这个人或这个集体以权威，并放弃我管理自己的权利，条件是，你也对他放弃你的权利，并以同样的方式赋予他的一切行动以权威。”[69]或者可以说，它可以被看作是这样一个契约，立约者都同意“将他们所有的力量和权力转让给某个（人造的）人”，由此形成那种强使抗命者服从担任公职者的意志和裁决的权力，这个担任公职的人被授予了权威，以审断和决定所有人在其各自冒险追求福祉时所应遵守的条件。在此，它不仅仅是一个转让权利的

69　*L*., p.131.

契约(从理论上说这是在某个独特的、一次性的决定中生效的),而且是一个为提供实施该契约所需的权力而持续地生效的契约——因为这个公职不可能自己产生这样的来源。

因此,这个契约旨在创造一个人造物,它由立约者赋予权威并授予权力的一个主权统治者构成,这些立约者因此而被“统一在一个人格中”,他们把自己转变成了臣民,并由此而摆脱了人人相互为敌的战争状态。这个人造物就被叫作“国家”(Commonwealth 或 *civitas*)。

这就是霍布斯对公民联合体假定有效的原因的分析。它有着我未提及的许多精妙之处,当然也存在一些疑难;但公民哲学的其余部分则是对这个作为有内在原因和结果的体系的人造物的展示,以及对其结构中与人类困境(它被设计出来就是要把人类从这种困境中解救出来)的特殊性相适应的必要部件的展示。这部分内容可以被方便地分为四个主题:(1)主权权威的体制;(2)主权权威的权利和“功能”;(3)臣民的义务和自由;(4)公民社会状态(the civil condition)。

44 1. 被转让的权利的接收者(不管它是什么体制)是一个单一的和至上的权威。但这个公职可以被一个或多个人占据;如果是多个人,则可以是一些人,也可以是所有人。由此,一个公民权威就会有君主制、贵族制(或寡头制)或民主制等体制形式。不管它是哪一种,问题只在于哪一种体制最有可能产生公民联合体为之构造的和平。君主制的优势显而易见。但如果这个公职被一群人占据,原因不可能在于这个团体更能“代表”臣民的各种不同的意见,因为一个统治者不是其臣民各不相同的需求的解释者,而是他

们实现和平的意志的监管者。不过没有哪种体制是没有缺陷的。理性没有给出任何结论性的答案，而只是告诉我们，主要考虑的不是有智慧的而是有权威的统治。[70]

2. 占据主权职位的人的权利是立约者赋予他的那些权利。[71] 它们是统治权和享有那些通过协议使自己成为臣民的人的支持的权利。这些权利既是受限制的，又是无条件的。立约者并没有放弃他们追求福祉的权利；他们放弃的仅仅是每个人无条件地追求福祉的权利，或者说（这是同一回事），放弃的是每个人自行做决定的条件。但他们交给主权者的那些权利是不可收回的，既然主权者本人不是任何协议的一方，他也就并不以他遵守协议条款为条件才“承当他们的人格”。任何人如果没有宣称他自己是一个“法外之徒”从而失去主权者的保护，就不能以他自己未同意这契约为由，将自己排除在臣民身份之外。统治权是完全可以决定什么东西对臣民的和平和安全是必要的权利。

统治事务就是这种权利的运用。其中最重要的部分是为臣民 45
的行为制定规则。[72] 在一个国家（*civitas*）中，主权者是唯一的立法权威；除非他所宣布的成为法律，否则没有别的什么会是法律，它之所以成为法律只在于这一宣布。在霍布斯对法律的理解中，法律是一种命令，即主权者意志的表达。不是主权者的每一条命令都是法律，只有那些颁布了要为所有臣民概无例外地遵守的行为规则的命令才是法律。

---

70 *L*., ch.xix.

71 *L*., ch.xviii.

72 *L*., p.137, ch.xxvi.

一般而言，公民法（civil law）的内容是与自然理性所揭示的那些有助于人们之间的和平关系的原理相一致的。在某些情况下（我们现在先不用考虑它们），这些原理可恰当地被称为“自然法”，而公民主权者的通告所具有的合法性或有效性可以被认为至少部分地源于它们与这些“自然法”的一致；但公民主权者在此所有的不过是指导着他的自然理性的原理，而他制定的规则的合法有效性只在于它们是他的命令。总之，在公民联合体中，法律的有效性既不在于它加诸行为的条款的智慧，甚至也不在于它推进和平的特性，而在于它是主权者的命令，并可以被有效地实施（尽管这一点是模糊的）。可能有不必要的法律，甚至可能有增加而非减少纷争的法律，这些都是令人哀叹的，但严格地说，没有任何一种有效的法律可以称作“不正义的”。“正义的”行为只有依据法律才是可辨识的，而在公民联合体中除了公民法外，不存在别的法律。正如霍布斯所说，如果法律能够认定一个人在何种情况下可以合法地称某个东西是他自己的，在何种情况下可以承认其他人在这方面的权利，这种法律就是公民法中最重要的分支，这是因为，如果每
46 个人都开始知晓他可以把什么称作自己的并在享有它时得到保护，那么，人类纷争最大的原因就被消除了。[73]

与立法权连在一起的还有解释法律、执行法律以及惩罚那些不守法者的权利。所有的法律都要求解释；也就是说，确定它在各种偶然环境中的意思。这种确定必须是权威性的。而在霍布斯看来，如果对法律的遵守不靠无可逃避的惩罚来执行，法律就会失去

73　*L*., pp.111,137.

所有的特性。公民主权者的这种“功能”被用在由他自己或他的代理人主持的法庭上。主权者与公民法的关系是，他作为立法者是不受法律约束的(*legibus solutus*，在制定或废除法律上具有不受制约的权威)，但就他的司法职能来说，他却是受法律本身约束的。他也可以赦免某些罪行。[74]

除了独享制定、废除、解释、执行和实施法律的权利外，主权者还可以决定在对这个联合体的外来威胁上，何种做法对其臣民的和平与安全是必要的：谈判、开战、缔结和约、为支付战争费用而征税以及在他认为合适的范围内招募志愿兵的权利。他有权挑选自己的顾问和代理者，他本人是这个联合体组织起来的武装力量的总指挥。[75]

最后，公民主权者尽管不能规定他的臣民的信仰，却有权审查和支配他的臣民(特别是那些对许多听众说话的人)中所有与团体和平的推进或破坏趋向有关的意见或学说的表达。这种审查并不直接涉及所表达的意见的对或错，但“一种与和平相抵触的学说不可能是对的，就像和平和协约不可能违背自然法一样”。[76] 47

应该注意到，主权者这个公职没有“土地”(lordship)权，对**土地的所有权**(*dominium*)只是它的一种**特权**(*regale*)。

3. 国家的臣民(Civil Subject)是这样一些人格，他们在一个相互达成的协议中将每个人支配自己的权利转让给了一个至上的代理人；他们彼此立约赋予他所有行为的权威性，他们每个人都承

---

74 *L*., p.137.

75 *L*., pp.137—138.

76 *L*., p.136, ch.xlii.

认所有那些行为是他自己的行为，都使他们的判断和意志在事关他们和平与安全的事上服从那个人的判断和意志，服从他的命令，保证用他们的全部力量和权力来支持他的权威的运用。这样，在相互达成的协议中，他们全体以及他们中的每一个都承担了一种义务。每个人都与所有其他人订立了协议，他在与别人相关、与统治者及其统治行为相关的特定行动方向上预先就已受到约束。那么，国家的臣民在什么方面可以说是自由的呢？[77]

自由意味着没有运动的外在障碍，而一个人的运动是对他有意想要去做的行为的实施。他在如下情况下可以恰当地说是自由的，即“在通过他的力量和智力能够去做的事情上，（他）不受阻碍地去做他想做的事”。[78] 人的自由是行为本身而非意志的一种特性。在他做自己有意想做的事时没有碰到外在的阻力，他就是一个自由人。

不过，国民（*cives*）是受人为的障碍支配的，这些障碍使他们无法去做自己想做的事；也就是说，公民法和附加于不守法者身上的惩罚乃至死刑是所有行为的一种阻力。他们处于一种被迫去做也许不愿去做的事的处境中。从这个角度来说，他们的自由被缩减了。

48 但应该看到，首先，这种处境是他们自己的一种选择；他们也许是出于对另外的东西（其他人对他们的行动构成的持续不断的、不受控制的阻扰）的恐惧而选择它的，但这并不能使协约更不成其

[77] *L*., ch.xxi.

[78] *L*., p.161.

为一种自由的行动。在这一方面他们无论会遭遇什么样的阻碍，都是被他们自己所授权的。况且，他们的立约是一种被设计来将他们从追求福祉的某些外在阻碍中解脱出来的行为，而如果它小心谨慎地被所有人遵守的话，就只会收获自由；在他们所意愿的行为上的不幸阻碍只会越来越少，越来越小。

不过，更关键的是如下的考虑。公民权威，即通过法律对人之行为的调控，它没有也不可能规定任何人的所有行为。只有在选择做规则本身没有加以规定的行为时，规则才可以说是得到遵守的，但除了这个事实外，国家臣民的行为中始终还存在着这样一个空间，由于法律的沉默，他们可以自由地按照自己的想法去占有这个空间。而国家臣民的“最大自由”就源于法律的沉默。[79] 而且，国家的臣民享有一种来自于契约这种确切形式的自由，霍布斯称之为“真正的自由”：契约在界定其义务的同时也界定了他们的某种自由。每个立约者都放弃了他的自我管理的权利，许诺给最高统治者的行为授权，仿佛统治者的行为就是他自己的行为。契约的这些条款排除了——它们被如此设计以排除——任何一种放弃权利的保证，即这种权利若不是让人冒着失去在立约时想要去保护的所有东西的危险，亦即失去他追求福祉乃至生命的危险，就不可能被放弃。[80] 因此，立约者授权主权者可以为一种被指控的违法行为而把他传讯到法庭前，但他如果没有被宽恕的保证就没有义务指控自己。虽然如果被证明有罪的话，他就授权了加在他自

79 *L*., pp.162, 168.

80 *L*., p.167.

49 己身上的合法惩罚，甚至是死刑，但他没有义务杀死他自己或任何其他人。臣民的“真正自由”正是在于他对所有那些没有被交出去的权利的享有之中。最后，虽然他不能自己收回他已做出的授权，但如果被授权的统治者不再能保护他，那他仍保留有这种他所可能有的保护自己及其利益的权利。[81]

4. 公民社会状态是一种人工产物。既然它是根据一个单一主权者的决定和行动的授权而被联合起来的人，霍布斯遂称其为“人造人”。它是根据已经制定的并为人所知的法律而勾连起来的联合体，这些法律界定了其成员之间的“正义”关系的状况。严格地说，既然“正义”就是拥有那些违背了就要受惩罚的规则的功能，在缺乏国家（*civitas*）时就不存在附带有惩罚功能的规则，仅余为满足所需而展开的无条件竞争，以及关于这种竞争如何可能变得更有成效的原理——从中可能理性地推导出来的只不过是像慎虑行为这样的一般原理——那么，“正义”与公民社会状态就可以说是同时存在的。

人们可以在公民联合体中获得一种“和平”状态，在这种状态中，人与人之间为满足需求而进行的无条件竞争所导致的失败与焦虑可以得到缓解，但这些还不是他们所遭遇的唯一焦虑，这也不是他们所寻求的唯一“和平”。他们模模糊糊地意识到他们生活在一个万物的发生不会没有原因的世界中，他们用一种比喻的方式把这个世界设想为或说成是“上帝的自然王国”，所有一切的第一因或支配因被等同为这个上帝的意志。但他们明确地意识到他们

81 *L.*, p.170.

不知道事情发生的有效原因，以及随之而来的不能自信地在这个世界行进，不能确保他们的需要得到满足。他们被某种焦虑所折 50
磨，这种焦虑不同于因缺乏与他们的同伴展开无条件竞争的能力而产生的焦虑。他们所寻求的不仅仅是在一种国家和平（*pax civilis*）中的缓解，而且还有在上帝所赐予的和平（*pax dei*）中的缓解。他们归于这个上帝的不是别的什么而是“自然理性所担保的”东西，他们承认他的力量（其实是他的全能），他们不会（或不该）由于对他的属性有所争执而不尊敬他，他们以崇拜的语气尊奉他——所有这些都旨在取悦他们自己不能控制的东西，从而缓解他们的焦虑。在公民社会状态中，这种崇拜也许是秘密的，因而与公民主权者无关；或者是以私人身份对别人的倾听，因而是服从于公民性的状态。但既然公民联合体是以一个主权权威的意志和经授权的行为的方式联合起来的人群，那它必然在对这个上帝的崇拜上展示这种一体性。他将在一种公共崇拜（*cultus*）中、以公民**主权者**所决定的表达方式和姿态而被承认并被尊敬。在一个国家（*civitas*）中，上帝所赐予的和平是国家和平的内在组成部分。[82]

现在，即使是一个专注的读者，如果他认为《利维坦》的论证将到此结束，那也是可以原谅的。无论我们对这种论证的说服力有什么样的看法，公民哲学所要筹划的东西看来已经完成了。然而，这并非霍布斯的看法。对他来说，还要将一个非现实的因素从论证中清除出去，因为这个因素依然威胁着他的论证。仅就这一点

82　*L*., ch. xxi.

而言，它就不是一个非现实的因素；它又把我们带回到开端，带回到困境本身，而要消除它就要求对整个论证进行重新调整。人们会记得，在自然状态（即公民联合体的原因）这个概念中有个非现实的因素一出现就被校正了；自然人虽然孤独，但并不被看作是独
51 处的。然而，迄今为止还不被人所知的是，这个自然人不仅仅是孤独却非独处的，而且还是某个实定宗教的信徒；与其说他是信奉某种宗教，不如说那种宗教是加在他身上的。我们很快就会看到这是多么根本的一个疏忽，但我们首先可以从另一个出发点来考察论证中的这个缺陷。在前面的陈述中，困境完全是在其普遍性中展现出来的，而（如霍布斯所看到的那样）它在他的时代里所表现出的特殊形式，他那个时代的特殊愚行，却以某种方式摆脱了那种普遍性；在其思想的最前沿把这一点重新带入到论证中来，对这位公民哲学家来说似乎是他对其读者所应尽的义务。那么，《利维坦》论证的后半部分的计划就是通过校正一个原则上的错误，来更清晰地显示人类的普遍困境出现在 17 世纪时所造成的那种局部的和短暂的损害。无论在这个概念中还是在这个计划的执行中，霍布斯所揭示的都不仅仅是他对时代之迫切需要的敏感，而且还有他的思考方式的中世纪血统。

他那个时代的欧洲有三种实定宗教：基督教、犹太教和伊斯兰教。在中世纪的语言里，这些宗教都是律法（leges），[83]因为使它们区别开的是这个事实，即信徒服从的是某种律法——基督

---

[83] 参见奥弗涅的威廉（William of Auvergne），《论法律》（*De Legibus*），巴黎的主教，d.1249。

(Christ)的、摩西(Moses)的或穆罕默德(Mahomet)的。没有哪个传统主义者会与霍布斯的这个说法发生争执:“宗教不是哲学,而是律法。”[84]这些“律法”在世俗生活中存在的结果是,每个信徒都服从两种法——他的国家(*civitas*)的法和他的宗教的法,他的忠诚被一分为二。这就是霍布斯用他惯有的活力和洞见所要考虑的问题。它是所有实定宗教共有的问题,但很自然地,霍布斯的注意集中在它与基督教的关系上。[85]

据此,我们不得不考虑其困境的那个人,除了其他任何身份之 52
外,他还是一个基督徒。成为一个基督徒意味着承认在上帝的律法之下的义务。这是一种真正的义务,而非仅是义务的幻影,因为它是真正的律法——表达上帝意志的命令。这个律法见诸《圣经》之中。有许多人把人的推理的结果说成是自然法,但如果我们接受这种说法,我们就得当心陷入因为它们是理性的而认为它们是法律这种错误中。自然推理的结果除非被表明是某个权威的意志,进而被变成法律,否则在此之前,它们都只不过是不确定的原理[86]、一般的有条件的结论。如果除了是推理的产物外,它们还可以被显明是上帝的意志和命令,那时,也只有那时,它们才可以恰当地被称作“法、自然法或神法”,也只有那时,它们才可以说是产生了义务。[87] 但事实上,与人在追求福祉时的行为有关的所有推理的原理都可以在《圣经》中被找到,它们被确立为上帝的命令。

---

[84] *E.W.*, VII,5.

[85] *L.*, ch.xxxii.

[86] *E.W.*, IV,285.

[87] *L.*, p.1222; *E.W.*, IV,285.

据此得出的结论就是，在自然法或理性法与启示法之间不可能维持一种恰当的区分。所有的法在如下的意义上都是被启示的，即只有通过在《圣经》中发现，表明是上帝之命令的东西才可能成为法。确实，《圣经》可能包含着一些不由人的推理来发现的命令，而这些命令，在特殊的意义上可以被称作是启示的；而推理的原理只是由于它们是上帝的命令才成其为法，因此它们的权威与不被推理之光所洞察的命令的权威没有什么差别。因此，就只有一种法，它既是自然的又是神启的；它被启示在《圣经》中。

但《圣经》是一个人工产物。首先，被称为正典的《圣经》篇目
53 是由承认它们的权威武断地挑选出来的。其次，《圣经》只是解释。不仅基督教的历史表明，解释是必要的却又是各不相同的，而且，对知识本质的任何考察，只要不是完全敷衍了事，就必定会得出这样的结论："在传到人手中的东西与他们对这东西的解释之间不可能是一条直线。"[88]最确定的无过于此，即如果上帝的律法是在《圣经》中被启示的，那么，它也只是通过对《圣经》的一种解释来启示的。[89] 而解释是权威的事；因为，无论推理在解释的过程中扮演什么角色，决定一切的是这样一种决断，即谁的推理将做出解释？当我们考虑到这种法所强加的义务的重要性时，这个决断的深远后果立刻就显露无遗。凡是有权威决定这种法的人，就对人的行为拥有至高无上的权力，"因为每个心智健全的人都会在所有的事情上绝对地服从那个人，他相信经由那个人的判决自己就将得救或

[88] 霍特(Hort)，《道路、真理和生命》(*The Way, the Truth and the Life*)，第175页。

[89] *L.*, ch.xxxii.

被罚入地狱”。[90]

由此，在自然状态中，有两种人可能宣称拥有这种权威去确定和解释《圣经》，进而去规定基督徒的义务。首先，每个个体都可以宣称要行使这种权威以代表他自己的利益。这种宣称应该立即得到承认。因为，如果做他认为对获得福祉来说是必要的任何事属于一个人的自然权利，那么，决定他该相信什么是他在自然法和神法下的义务这一点也同样属于这种权利。在自然中，每个人都“受他自己的理性的管治”。[91] 但这一点的结果只会使自然状态的纷争更无望得到解决。会有许多的所谓基督徒的“法”，正如有许多的自称为基督徒的人一样；而人们以前通过自然权利去做的事，现
在则会凭矫称的上帝义务去做。这样，一个人的行为就可能成为 54
纷争之源，而良心只不过是他自己对其行为的好评。[92] 世俗性的自然战争将平添宗教冲突的残酷性。但其次，宣称有权威去确定和解释《圣经》的，也可以代表某个特殊的精神权威，这个精神权威为此目的而称自己为教会。这种宣称既可以由所谓的普世性教会来做出（当这种宣称有权威给出被世界各地的基督徒所接受的解释时），也可以由某个其权威仅限于部分基督徒的教会来做出。无论是什么形式的宣称，我们不得不探究的是这种权威的产生。这种权威来自何处？我们可以立即取消这样一种说法，即任何精神权威都负有一种运用这种能力的神圣使命。历史上没有什么根据

90 *E.W.*, II, 283—297.

91 *L.*, p.99.

92 *L.*, p.224.

支持这种说法；即使有，它也不可能为这种权威提供必要的根据。因为，这种权威只可能是通过作为契约之结果的自然权利的转让而产生的；这是任何权威唯一可能的原因，无论这种权威给人规定的是什么。但我们已经看到，作为契约结果的权利转让没有也不可能产生一种特殊的精神权威来解释《圣经》；它确实产生了一个公民社会。确立神法和自然法的特殊的精神权威不可能存在；在看似存在的地方，实际上存在的只是某个人的自然权威（它固有的范围就是该人的生活范围），它被不合法地扩展，以致覆盖了他人的生活，并冒充为某种比它本身更具权威性的东西；简言之，这是一个精神性的僭主。

在自然状态中，就基督徒而言存在着某种自然法；它驻留于《圣经》中。但关于这种法的命令是什么，没有人能说清楚，除非在

55 只与他自己有关的内容上；对这种法的公共知识被限定在对它仅仅存在的了解上。[93] 因此，它非但没有缓解自然法中关于自然的混乱，反而加剧了它。作为一个"自然的"基督徒，就给自然状态的困境之黑暗增添了新的阴影，为消除这种阴影，就需要提供一种特殊的解救之道。

此前所设想的从自然状态的混乱中获得的解救，是通过创建一个公民联合体或国家（Commonwealth）来实现的；事实上，自然状态是国家之假定有效的原因。而鉴于这种新的混乱因素，解救就必须通过创建一个基督教*国家*，即在*基督教*主权权威之下的基督徒的臣民所构成的公民联合体。创建它并不需要新的契约；每

---

[93] *L*., p.275.

个人按照他自己的利益来解释《圣经》和确定神法意涵的自然权利连同他其他的自然权利一并被转让了，因为它是他总的自然权利的不可分的部分。这种被转让的权利的接受者是一个人造的主权权威，它不是世俗性和精神性的权威（因为“**世俗性**和**精神性**的政府只是两个被发明出来的名词，以使人看到双重叠影并误解其合法的主权者”[94]），而是独一无二和至高无上的权威。这个联合体在其人格上的代表不是一个国家**和**一个教会，因为真正的教会（不像那些矫称在自然状态中是独立的精神权威的所谓教会）是“一群承认**基督教**的人，他们联合在一个**主权者**的人格中”。它不可能是一个设立正典对抗法律的对抗性的精神权威，不可能是一种对抗世俗权力、通过永恒的奖惩来规定人的行为的精神权力[95]，因为无法想象会产生这样的权威，它的存在竟与社会赖以构成的目的相矛盾。如果教皇宣称有这样一种权威，那任何外国的主权者马上 56
也可以这样宣称（因为公民联合体彼此之间处于自然状态），结果就会更糟，因为教皇会成为没有臣民的主权者，而君主则成了没有王国的主权者。“如果一个人考虑这种庞大的教权的起源，就很容易看到，教皇不是别的，正是已经灭亡的罗马帝国的鬼魂，戴着王冠坐在坟墓上。教皇正是这样骤然之间从那伟大的异教权力的废墟上兴起的。”[96]

还要考虑成为一个基督徒的主权者和基督徒的臣民意味着什

---

94 *L*., p.306.

95 *L*., p.214.

96 *L*., p.457.

么。作为基督徒的主权者的主要权利是确定和解释《圣经》，进而权威性地规定属于神法和自然法的规则。没有这种权利，他就不可能履行其公职的职能。因为如果他没有这种权利，那就没有人有这种权利（而混乱和自然的战争就将持续），或者其他人将拥有它，而那个人由于这种权利所赋予的优越权力，就将展示出一种既不合法，又有害于和平的至上权能。但它是一种赋予巨大权威的权利，因为它所规定的法可被称作“神法”，但它事实上是主权者的法律。借助这种权利，主权者就将有权威去控制公共崇拜。[97] 这种控制以这样一种方式进行，以致它不强迫臣民去做或相信任何可能危害其永恒得救的事情。[98] 他可以压制有组织的迷信和异端，[99]因为它们破坏和平；但对其臣民私人信仰的探询则不在其权利范围内。和主权者的其他权利一样，他也可以将他的宗教指导权委托给他所选择的代理人，或甚至委托给教皇（如果这对社会有
57 利的话）[100]；但由此被委托的权威只是指导、劝诫和建议的权威，而不是强迫的权威。[101] 但如果作为基督徒的主权者有特殊的权利，他也就有相应的义务。因为在基督教国家中，存在着主权者在某种意义上负有义务的法律。以前仅仅是和平的理性条款，现在则（基于《圣经》的规定）成了义务性的行为规则。当然，主权者对他的臣民不负有义务，只有职责；但神法对他（尽管他已经使它变成

---

97 *L*., p.136, ch.xlii.

98 *L*., ch.xliii.

99 *L*., p.453.

100 *L*., pp.421, 427.

101 *L*., p.384.

了他自己的法）与对他的臣民是一样的，都是产生义务的命令。不义在一个异教的主权者那里只是不能遵循合理推理所得出的结论，而在基督徒的主权者那里则变成了违法，因此是一种要受上帝惩罚的罪。

作为基督徒的臣民在其义务和权利上也有相应的拓展。他的宗教规则，就像《圣经》的权威性解释所规定的那样，并不产生新的、独立的义务，但为其所有义务的履行提供了新的奖惩手段。和平的条款对他来说不再仅仅是由主权权力合法地实施的推理的结论；它们还是神法。遵守他与其同伴一起达成的契约，就成了一种宗教义务和一种审慎的智慧。基督徒的臣民的自由体现在法律在涉及他的思想和信仰时的沉默；因为尽管压制争议是主权者的职能，但他没有权利去干涉他事实上不能控制的东西以及那些他即使听任不管也不会危及和平的东西。“至于人内在的思想和信仰，则不是人世的统治者所能注意的（因为唯有上帝知道心灵），它们既不是自愿的，也不是法律的结果，而是未显露的意志和上帝的权力的结果；因此，便不属于义务的范围。”[102]霍布斯的宽容正立足于这个阴暗的怀疑论学说之上。

论证到此结束：但不要误以为这是此书的结束。一部哲学杰 58
作的梗概虽然也有某种力量和精妙之处，但它们还不能与这种学说本身的力量与精妙相提并论，更何况是像霍布斯这样以反讽和雄辩包装起来的学说。

102 *L*., p.364.

6. 一些值得考察的主题

(1) **对霍布斯的批评**。许多伟大的哲学家都能找到一些准备接受其一切,甚至其荒谬之处的捍卫者;但霍布斯是个例外。他在一些读者那里赢得了赞赏,在另一些读者那里则激起了仇恨,但很少获得喜爱,而且从来没有不加辨别的喜爱。出现这种情况也不足为奇。他冒犯了人们的品位和利益,而他的傲慢更招致了这样的后果。他不否认自己这种过甚其词的快感,他被人记得的是他不谨慎的时候,其他的却被忘记了。他的学说或部分学说,从它们最初出现时起就受到了严肃的关注和批评;但他的评论者大多是他的对手,而他的为数极少的捍卫者则对其思想意涵的洞察并不出色。总的来说,的确没有哪位伟大的著作家像霍布斯那样遭到众多小人物的品评。

他的对手分为两类:情感的和知性的。那些属于第一类的人关心的是其学说中被认定的不道德倾向,他们的批评是一种实践性的批评;第二类关心的是他的学说的理论说服力,他们希望澄清他的学说,并且有时也成功地做到了这一点。

对于第一类的批评者,我们无须过多地关注,尽管他们的确存在。他们在霍布斯那里发现的不是别的,只是一个关于无神论、不道德和专制主义的鼓吹者,他们表达了一种与他们所发现的东西相称的憎恶。对《利维坦》的回应汗牛充栋,它的审查员本身就构
59 成了一个学派。虔诚的观点始终反对他;早在他开始写作时,就遭到了卫道士们的谴责。在反对霍布斯的人中,菲尔默(Filmer)为奴

役辩护，哈林顿（Harrington）为自由辩护，克拉伦登（Clarendon）为教会辩护，洛克为英国人辩护，卢梭（Rousseau）为人类辩护，而巴特勒（Butler）则为上帝辩护。过去有位作家将霍布斯对公民哲学的反思概括为“所有伦理理论中最平庸的，它融合了对宗教的非历史的蔑视，以证明最普遍的绝对主义”。无疑，对所有这些问题，霍布斯本人要负部分的责任；他不乏谨慎，但像所有胆怯的人一样，他常常选择了错误的冒险机会。确实，他那个时代所谴责霍布斯的地方却是原谅斯宾诺莎的地方；但斯宾诺莎是谦和的，又是一个犹太人，而霍布斯却是傲慢的，而且作为基督徒他本该知道得更清楚。对霍布斯的诋毁之所以没有更强烈，只是因为马基雅维利（Machiavelli）已经承担了欧洲意识的这种替罪羊角色。

第二类批评者更重要，因为正是在他们那里并通过他们霍布斯才得以在观念史上发挥其影响。他们大多也不是霍布斯的对手。但最终，如果霍布斯还在世的话，他有理由抱怨（如布拉德雷那样抱怨）他到现在还不得不“用他大部分的怀疑论调来代替他自己”。因为他的批评者显示了一个令人遗憾的倾向，即把他们的注意力集中在那些明显的错误和困难上，而看不到作为一个整体的哲学。在对霍布斯哲学之失误的揭露上，一直有一种令人痛惜的自负。对它的分析很少不是以对许多简单错误的发现而告终的，这些错误被看作对这种哲学是致命的，以至于人们会疑惑凭什么要声称霍布斯是一个完全意义上的哲学家，更别说是一个伟大的哲学家了。诚然，在他的学说中存在着某些不一致，在关键的问题上有含糊之处，有错误的看法甚至谬见，对这些错误的指正是合理的、有益的批评；但诸如此类的挑剔绝不能打发这种哲学。像边沁

(Bentham)这样的著作家也许会败在他的错误上,但像霍布斯这
60 样的作家却不会。这还不是他的批评者的唯一缺陷。他们一直未能将他的公民哲学放在政治哲学史的语境中来考察,这就遮蔽了这个事实,即霍布斯并不是一个弃儿,而是与柏拉图、奥古斯丁和阿奎那(Aquinas)并驾齐驱的——尽管不是在学说上而是在目的上。他们一直未能发现他的公民哲学所属的传统,这使他们误以为它没有传统,没有谱系或后继者。大部分批评一直被对一些表面相似的关注引到岔路上去了,这些相似看似把霍布斯与一些著作家连在一起,而实际上,他与那些人很少或完全没有相同之处。

现在,批评的任务就是使其中的一些缺陷得到改进。不要期望这项任务会很快地或一下子就完成。但也许可以从重新考虑这种公民哲学的一些令人困惑的问题开始。

(2) **霍布斯的传统**。霍布斯的公民哲学是基于两个主题之上的复合体:意志和人造物。创建并变成公民权威之臣民的个人是一种完整的存在(*ens completum*),一个绝对的意志。与其说他"给自己施加了一种法律",不如说他摆脱了所有的法律及法律产生的义务。这个意志是绝对的,因为它不受任何标准、规则或理性的制约、限制,也没有任何计划或目的去限制它。这种义务的缺失被霍布斯称作"自然权利"。它是一种原初的、绝对的权利,因为它直接来自于意志的特性而非某些更高的法律或**理性**。几个这样的个人彼此接近就处在混乱之中。公民联合体则是人造物,是这些绝对意志的自由创造,正如自然是上帝之绝对意志的自由创造一样。它是一种源于个人对无条件的自由或权利的自愿放弃而产生

的人造物，因此，它意味着用法律来替代自由，用义务来替代权
利。[103] 在公民联合体的创造中，一种与个人的主权相对应的主权 61
产生了。这个主权者是意志的产物，他自己代表的是它的创造者的意志。主权是通过意志来立法的权利。因此，这个主权者本身不服从法律，因为法律产生的是义务而非权利。他也不遵从理性，因为理性既不产生权利，也不产生义务。法律，即公民联合体的生命，是这个主权者的命令，主权者是公民联合体的灵魂（意志的能力）而非头脑。[104]

现在，关于这种学说，有两点是显而易见的。首先，它的主导性观念是过去三百年来一直支配着政治哲学的那些观念。如果这是霍布斯的学说，那么，霍布斯说出了将他与未来联系在一起的某种东西。其次，显然这种学说突破了政治哲学中伟大的理性-自然传统，该传统源于柏拉图和亚里士多德，而后体现在自然法理论中。它在其漫长的历史中包含和容纳了许多学说，但霍布斯的这种学说却是它无法容纳的东西。它不是从权利开始，而是从法律和义务开始，它把法律当作理性的产物，它在理性的至上性中找到了对于统治的唯一解释，它所拥抱的所有各不相同的自然概念都排除了像霍布斯所构想的那种人造物。由于这些理由，可以总结说，霍布斯是政治哲学一种新的传统的开创者。[105]

但霍布斯的这种理论有一种可追溯至古代世界的谱系。希腊思想由于缺乏创造性的意志这个概念和主权的观念，它诚然也提

---

103 *L*., ch.xxi.

104 *L*., pp.8, 137.

105 Strauss, *op.cit*., ch.viii.

供了对理性-自然理论的一种批评，但还达不到构造一种替代性传统的程度：伊壁鸠鲁只是一种灵感而不是一种引导。但在罗马文明的政治观念和在犹太教的政治-神学观念中存在着把我们带向
62 远离理性-自然传统的思想张力，这可以说构成了一种意志和人造物的传统的开端。霍布斯的直接先驱都建立在罗马的法律（*lex*）概念和犹太-基督教的意志和创造概念的基础之上，这两者都包含了与理性-自然传统相对立的种子，这些种子在奥古斯丁那里已经开始含苞待放。而到中世纪末，这种对立物已经结晶成它自己的一种鲜活传统。霍布斯不仅出生在现代科学的世界中，也出生在中世纪思想支配的世界中。作为其公民哲学基础的怀疑主义和个人主义受惠于晚期经院哲学的唯名论；用意志和想象来取代理性，以及激情的解放，则都是欧洲思想中缓慢发生的居间过渡的变化，它远在霍布斯写作前就已经开始了。政治哲学是将政治经验吸收到一个普遍世界的经验中，霍布斯的伟大不在于他在这方面开创了一种新的传统，而在于他建构了一种反映欧洲思想意识之各种变化的政治哲学，这些变化主要以15、16世纪的神学家为先驱。《利维坦》像任何其他杰作一样，既是一个结束，又是一个开端；它是过去开出的花，又是未来的种子储备。它的重要性在于，它在欧洲思想长期筹划的努力——把奥古斯丁关于人类堕落和得救的史诗重新体现在一个新的神话中——中是第一个伟大的成就。

（3）**人类的困境**。在政治哲学史上，在人的困境——公民社会即作为一种解救之道就产生于这种困境——的起源上一直存在着两种对立的观念：一种认为这种困境来自于人的自然（本性），另

一种认为它来自于人的自然(本性)中的某种缺陷。柏拉图是第一种观念的例子,他把他所认为的人的自然(本性)作为城邦(*polis*)的基础和结构。而斯宾诺莎则强调自然中没有什么应归咎于自然 63
的缺陷这一原则,[106]他的做法虽然不同,但采取了同样的从"人之自然(本性)的特定状态"推出公民社会的方案。[107] 另一方面,对奥古斯丁来说,困境来自于人之自然(本性)中的某种缺陷,来自于罪。霍布斯在这方面站在哪里呢?对霍布斯的观点广为接受的解释是,对他来说,困境来自于人的利己主义性格,因此正是恶习和败坏产生了混乱。而且,它是一种真正的原初的败坏,因为人的堕落(或任何替代它的东西)不属于霍布斯的理论范畴。但当我们更切近地看,使利己主义(道德上的缺陷)显得突目的既不是道德也不是缺陷;它只是一种被封闭在其自己的想象世界中,没有希望直接得救的造物的个性。人就自然(本性)而言就是唯我论的牺牲者,他是因不可交流性而与众不同的个体存在(*individua substantia*)。理解了这一点,我们就可以接受霍布斯自己对于人之自然堕落学说的否定;[108]而他在这个问题上所处的位置看来比邻于柏拉图和斯宾诺莎,即他的理论基于"人类已知的自然倾向"。[109] 但此解释并非没有困难。首先,人之个体所特有的对权力的追求在霍布斯看来可能是恶的,当它被骄傲所引导时就是如此。而骄傲是人的自然(本性)中如此普遍的一种缺陷,以至于它就属于这种困境的构

106 斯宾诺莎(Spinoza),《伦理学》(*Ethica*),III,Praefatio。

107 斯宾诺莎(Spinoza),《政治论》(*Tractatus Politicus*),§ 4。

108 *E.W.*, II, xvi—xviil; *L*., pp.97,224,480.

109 *L*., p.554.

成因。尽管霍布斯通过将骄傲解释为幻象而剥夺了其道德重要性，但它仍是一种缺陷。人们会记得，由于骄傲是奥古斯丁对于原罪的解释，所以，霍布斯的这个教诲似乎使他的看法接近于那种认为困境源于自然中的缺陷而非自然这个观念了。其次，这种困境
64 在霍布斯看来实际上不是由人的自然（本性）中的内在缺陷引起的，而是由当一个人处于众人之中而变成缺陷的某种东西引起的。一个人的骄傲可能妨碍福祉，但它不可能产生混乱。因此，在这一点上，我认为我们的结论必然是，霍布斯关于自然人的观念（除了他的缺陷外）是：每当人与人相接近时，就产生了要求获得解脱的一种困境，而他关于骄傲和这种不被允许的追求权力的形式的学说只是加剧了这种困境的严重性而已。

（4）**个人主义和绝对主义**。个人主义作为一种福音从许多源头获得了它的灵感，但作为一种推理而得的社会理论，它则根源于晚期中世纪经院哲学的所谓唯名论，它的学说是，某物的本质就是它的个体性，正是这一点使它成为**这个**事物，而在上帝和人那里都是意志先于理性的。霍布斯继承了这种唯名论传统，他比任何一个其他作家都更深地将这种观念带进了现代世界。他的公民哲学不是基于对个人的价值或神圣性的任何模糊信念，而是基于世界由个体存在（*individuae substantiae*）构成的这种哲学。这种哲学在霍布斯那里一方面避免了原子论（个体是不可消除的物质粒子的学说），另一方面又避免了普遍论（只有个体即宇宙的学说）。它把霍布斯和他的继承者都纳入个体尺度这个观念内，在其中，在肯定人的个体性时，也保留了感觉和意象的个体性。人首先完全是

一个个体，不是在自我意识这一方面，而是在意志的活动上。[110] 在 65
生与死之间，作为想象和意志的自我是不可摧毁的单位，他与其他个体的关系纯粹是外在的。个体可以被集合在一起，可以被叠加，可以被相互替代，或使其彼此代表，但绝不能相互改变或构成一个使个体性在其中丧失的整体。甚至理性都是个体化的，它若无权力或权威去迫使他人接受就变成了只是某一个体的推理：要说服一个人，不是与他享有一种共同的理智，而是用你的理性去替代他的理性。[111] 自然人是公民联合体的材料，无论这种联合体还是其他什么，它都是一个能理解这些个体而无须消除他们的联合体。无论是在公民联合体建立之前还是之后，都不存在像**人民**这样的东西，尽管此前有那么多的理论都把主权赋予人民身上。不管存在什么样的共同体，它都必定是通过指向某个单一对象的个体意志行为，亦即通过协议而产生的：协议的本质不是共同的意志（因为不可能存在这样的东西），而是一个共同的意志对象。既然这些个体意志彼此处于自然的对立之中，则国家（*civitas*）由之产生的那种协议就必定是一种不相互对立的协议，是一个放弃意志的意志（a will not to will）。但还要求更多的东西，单纯地同意放弃意

110 简言之，可以说，来自对中世纪哲学家的反思的学说在人格性上区分了两种因素：一是理性的因素，二是实体性的因素。人格（persona）的标准定义是波埃修斯（Boëthius）的定义——“一种理性自然的个体实体”。在晚期中世纪思想中，这个定义被废弃了。对人格性中理性因素的强调最后在笛卡尔的学说中导致了把认知和自我意识的首要性作为人格性的真实基础。而对实体性因素的强调导致了在人格性和理性之间的最主要对立，导致了所谓浪漫主义的人格性学说，它肯定意志的首要性——个体人格是孤立的、不可交流的、古怪的，甚至非理性的。后者就是晚期中世纪唯名论的产物，它也是在霍布斯那里占主导性的强调因素。

111 *L*., p.33.

志是种族自杀。这个协议必定对每个人来说是将他在某个特定方面的意志权利转让给某个单一的、人造的代表，后者因此就被授权以取代每一个个体的意志和行为。在这种结合中不存在意志的一致，没有共同意志，没有共同善；它的统一仅仅在于这个代表的单一性，在于以他个人的意志来**取代**许多相互冲突的意志。[112] 它是
66 统一在一个至上代表中的诸个体的集合，就其产生和结构来说它是唯一一种不损害其组成部分的个体性的结合。

现在，普遍的看法是，尽管霍布斯在开始时也许是一个个人主义者，但他的公民联合体理论被设计出来恰是为了要消灭个人主义。就公民联合体的产生而言，这看法当然不对。授权给一个代表使他替我做选择，这并没有消除或损害我的个体性：只要它被理解成，我的意志就在这个代表的权威化中，他所做的选择不是我的，但是他的选择代表了我的利益，就不会产生诸意志的混淆。霍布斯的个人主义过于强大，以至于不容许有像公意这样的东西片刻显现。[113]

由此产生的结果，即利维坦也不是一种旨在消灭个体的东西；事实上，它是在个体中任何确定的结合的**最低**条件。主权者只在两个方面是绝对的，而这两个方面都没有消除个体性：首先，把自然权利交给他这一点是绝对的，并且他的权威化是永久的和排他的；其次，对命令的合法性不能提出上诉。被交出去的自然权利是个体在追求福祉时，不论出现任何情况都能无条件地行使自己的

112 *L*., pp.126，167.

113 因此，霍布斯并不是说，罪犯**意欲**他自己的受罚，而是说他是他自己的受罚的**作者**。*L*., p.167.

意志的权利。[114] 现在，如果它被完全交出去了，那么，一种绝对的
权利必定是绝对地被交出去的：霍布斯拒绝妥协，妥协意味着这种
权利的一部分不得不被牺牲掉，这不是因为他在统治问题上是一个
绝对主义者，而是因为他懂得一点基本的逻辑。但交出一种在任何
情况下做某事的绝对权利，并非放弃在任何情况下做它的权利。在
其他方面，霍布斯把主权者当作立法者，他的统治不是任意的，而是
法律的统治。我们已经看到，法律作为主权者的命令在它自身内有 67
法律作为理性或习惯所不具有的自由：正是理性而非权威破坏了个
体性。当然，法律的沉默是更进一步的自由；当法律不说话时，个体
对他自己就是至高无上的。[115] 霍布斯的国家（*civitas*）所真正排斥
的不是个体的自由，而是虚假的“权威”和像教会这样的个人集体
的自主权利，他把这些看作他那个时代的国内冲突的根源。

因此，可以说，霍布斯不是一个绝对主义者，恰恰因为他是一个威权主义者。他对于推理能力的怀疑主义适用于主权者的“人工理性”，不亚于其适用于自然人的推理，这种怀疑主义与其个人主义的其余部分一道将他和他那个时代或任何时代的理性主义专制者区分开来。确实，尽管霍布斯本人并不是一位自由主义者，但与大多数自由主义的公开辩护者相比，他那里拥有更多的自由主义哲学。[116] 他感觉到他那个时代的愚行在于两类人之间的撕扯，

114 *L*., p.99.

115 *L*., p.163.参见亚里士多德（Aristotle），《尼各马可伦理学》（*Nic.Eth.*），V，xi，1。

116 霍布斯既与理性主义者对立，又与他同时代的“社会本能”伦理对立，他遭到了这两个学派的代表的攻击。理性主义者培育了反自由主义的学说。坎伯兰（Richard Cumberland）和后来的亚当·斯密（Adam Smith）为自由主义施了魔法，前者通过“社会本能”概念，后者则通过他的“社会激情”概念看起来像是解决了个人主义问题，实际上却只是回避了它。

一类人过多地要求权威，另一类人过多地要求自由。固执的权威论者是那些忘记或根本不理解如下这一点的人，即道德权威仅仅来自于他作为一个有义务的人的意志行为，既然对权威的需求源于人的激情，那么，权威本身就必须与它所不得不矫正的东西相称；因此，这些人就是在道德人的意志和决绝的需求之外要求一个权威的根据。而顽固的自由论者则是这样一些人，他们的幻想使
68 其紧紧地抓住宗教中的自然权利，而这将破坏所有那些通过交出其他自然权利来实现的目标。[117] 其他的时代有其他的精神病症（*Autres temps*，*autres folies*）：如果霍布斯生活在今天，他将会发现以不同的特殊症状显现出来的普遍困境。

（5）**义务理论**。在讨论道德理论问题时，受我们现在习惯做出的各种区别的影响，霍布斯的现代批评者常常犯一个错误，即在他对于问题的思考中寻找某种秩序和融贯性，而这其实是外在于任何一个17世纪著作家的观念的。我们带着错误的期待出发，一直被霍布斯使用某些重要词语（诸如义务，权力，责任，禁令，命令）的歧义弄得烦恼不堪，并在尝试比他本人更好地理解他的理论的企图中，继续通过从他的著述中至少**抽出**某种一致的学说来解释它。我认为，把一种基于自我利益的公民义务理论归到他身上就是错误的，这不是因为这种理论不可能从他的著作中抽绎出来，而是因为它赋予了这些著作以某种没有人会认为它们具有的简化形式。即使我们将自己局限于《利维坦》中，我们也常常碰到晦涩和歧义之处；但霍布斯是一个支持融贯性期待的作家，因此最满意的

117　*L*.，p.337；*E.W*.，VI，190.

解释就是给出一种与霍布斯实际所写的所有东西相一致的融贯性的看法。

霍布斯是从每个人对一切事物所具有的自然权利开始的。这种权利总是至少与一个人所能享有它的权力一样大；因为，当权力足以使他去行动时，[118]一个人所能做的不会超过他有自然权利去做的事。由此可知，只有在权力是不可抵抗的情况下，它和自然权利才是彼此相等的。[119] 上帝就是这样，他的权利和权力是相等的，因为他的权力如同他的权利一般绝对。[120] 但对人来说不是这样； 69
因为，在不可避免的竞争中，一个人的力量远非不可抵挡，它只是与任何其他人的力量相当。事实上，他那绝对的自然权利必定要比他的权力大得多，他的权力在那种情况下是很小的，因为它是不确定的。因此，尽管自然权利看起来是绝对的，权力却具有可变性。自然权利和享有它的权力因此是两种不同的考量；没有一个是另一个的原因，甚至在它们相等的情况下（如在上帝那里），它们仍然不是同一的。权力和权利绝非同一物。

按照霍布斯的思想，说一个人“有义务”，对他来说就是受束缚，被某些由他自己直接或间接施加的外在阻碍所制约。这将使他的自由受到某种自我招致的减少，这种自由可以只与他的行动的权利相关，也可以同时与他的行动的权利和权力相关。而在这种关联中，做和不做是类似的行为。

首先，如果一个人受到约束不愿去实施某种行为是因为他判

118 *E.W.*, I, 128. 权力是原因的另一个名称，行为则是结果的另一个名称。

119 *Elements of Law*, p.56.

120 *L.*, p.276.

断可能有危及他自身的后果，那他受到的就不是外在的约束，因此就不可能恰当地说他“有义务”不做这种行为。这里所谓的约束是内在的，是理性的判断和恐惧的结合，是要避开某种被认为有害的东西。无论是他做他想要做的事情的权利，还是他做此事的权力都没有受到任何限制：他仍然是“受他自己的理性支配的”。因此，只要理性从关于行动之可能结果的原理来理解，那就没有人可说是“有义务”理性地行动，而恐惧（即使是对被另一个人的力量挫败的恐惧）则如我们所看到的，是行动或阻止某种特定行动的理由，而不是加在行为上的外在约束。其次，如果一个人想要实施一个
70 他因为缺乏力量而不能实现的行为（如举起超过其举重能力的重物），那说他“有义务”阻止这种行为就不可能是恰当的说法。他什么都没有被剥夺：他的意志的权利未受触动，他从不曾拥有他所缺乏的力量。再次，一个人受另一个人的力量的阻止（而不仅仅是对这种力量的恐惧），而不能去做他想做且本来能够去做的事，或者，一个人被另一人强迫，以一种他没有选择的方式去运动，这当然是受约束，他的自由在某个特定的方面被缩减了。但此处这种约束只与这种力量有关，它并没有损害他做他愿意做的事情的权利。他被剥夺了一个自由人的某一属性，即按照他所愿意的方式去施展他的能力。尽管在这里的约束当然是外在的，并且他的自由实质性地被削减了，但这种约束和削减不是自我施加的，因此说他“有义务”去做他被迫做的事或停止做他被阻止做的事，这不是恰当的说法。

因此，要使一个人负有义务，或者（为了避免日常语言中的含混）要使一个人具有一种义务，这个人应该自己施行一种使他负有

义务的行为，即严格地说："任何人身上的义务都是从他自己的某种行为中产生出来的。"[121]这种行为必定在他随心所欲地去做什么的无条件权利和这样去做的权力上承认或强加了约束，因而削弱了他的自然自由。这种被强加或被承认的约束必定是有限的和特定的：完全放弃他的权利就是要毁灭他自己，也就没有什么东西剩下来负起义务了。这就是说，这种行为必定不是对权利的放弃，而是对这种权利之无条件性的放弃。更进一步来说，如果（它必定是如此）这些约束是外在的，它就不可能只来自对这种权利之无条件性的放弃；它必定是对某种被转让给另一个人的东西的放弃，而这个人则有权享有它。最后，一个被承担的义务不可能因仅仅不能 71
履行它而失效；只有通过一个终止义务的协议或当义务（如果它是暂时性的）达到了其自然终点——诺言被履行了——时，它才告终结。

既然承担义务始终是去执行一个自愿的克己行为，它就必定始终是怀着获得某种好处的希望去做的。没有人会在知道将对他不利的情况下自愿"剥夺"他自己的任何一部分无条件的权利。而任何人所能认识的唯一"好处"就是满足他的需求和逃避所有不满中最大的不满，即死亡。正是出于这个目的，人们才约束自己，承担义务，而不遵守义务的后果就可以变成不正义或对别人的伤害。这样，他们就相互承诺，达成相互信任的协议，从而设法使他们需求的满足获得更大的保障。这些义务是真正的义务；它们是自愿的承担，因此，它们不**应该**被那些承担者弄得无效。然而，那些接

121 *L*., p.166.

受承诺的人或在相互信任的协议中首先履约的人的处境仍是有风险的，因为义务的约束力不在于其本身，而在于对违背义务之恶果的恐惧上。而在具体环境中，这些恶果只不过是那处在想躲避强制一方的力量之中的东西，因此对它们的恐惧不具有明显的强制性。

但有一种方式，人类可借以获得更少暂时性的义务，尽管这些也是自愿行为的结果。如果关于谨慎行为的自然理性的原理（诸如“诚实总的来说是最好的策略”这样的原理）被承认为上帝的律法，更进一步来说，如果这个上帝被承认为他们的上帝，而他们又处在这些规则的管辖范围内，他们就会认识到他们的行为服从这
72 些规则，并使自己有义务去遵守它们。在这种情况下，他们同样受到一种已知的外在障碍的束缚，不能去运用他们做自己想做之事的无条件权利以及这样做的权力。在一种自愿的承认行为中，他们会使自己服从神圣命令的规则。他们并没有授权上帝去制定指导他们的规则，也没有赋予他权力去执行这些规则，但他们知道他存在，知道他是立法者和全能者，他们承认自己是他的臣民。因此，比如说，他们之所以应当遵守他们所承担的协议，原因不仅仅在于他们不应当“使他们自己的自愿行为失效”，而且在于上帝立定的规则说所做的协议应当被遵守。他们希望从这种承认中获得的好处是宇宙的统治者所认可的好处，也许还有因为服从了他的命令而“在天国得到回报”。他们在这种承认中所交付的是每个人按照他自己的自然理性来管理自己的权利。但他们仍可以自由地不服从这些神法，就尘世的生活而言，这样做很可能不受惩罚。这个上帝是全能的，但他在尘世并没有那些被赋予权力对违背者进

行惩罚的代理者。这种义务和那些诸如出自对私人所做承诺的暂时性义务,可以说是纯粹的但不完整的“道德”义务的范例。除了一个人支配他自己行为的权利之外,并没有放弃什么;除了一个最低程度的行为规则之外,也没有提供什么。

那么,什么是**公民**义务呢?像所有其他义务一样,它来自于一种自愿的行为。这种行为是在许多放弃以自己的理性管理自己之权利的人与一个被授权按照这些人的利益去运用这种权利——宣布、解释和实施立约者自己预先保证要遵守的行为规则——的主权代理**人**(一个人为产生的职位的占有者)之间的一个理论上的契约。这些相关的人没有义务在他们之中达成任何这样的协议,他们仅仅是被理性和恐惧引导着才这样去做的。因此,公民义务就 73
是一种“道德上的”义务,它出自某种对**权利**的真正放弃。而且,它包含了所有其他的道德义务。一个公民主权者的臣民也许确实承认自己对某种经由他们的自然理性而为他们所知的神法负有义务,甚至也对一个用预言的方式(《圣经》)来表明其意志的上帝负有义务。但首先,一个国家的臣民如果将自己理解为是被两套可能有分歧的法律赋予义务的,那么他就不可能知道他的义务何在。其次,上帝本身并没有提供一个权威机构(一个法庭)来决定他的法律在偶然环境中的意思,在这种情况下,他们所承担的义务就仍然没有完全地被确定,它们所意指的东西对任何人来说都几乎等同于猜测。因此,在这两种情况下,就该由这个公民主权者来指定其臣民的义务;他必须将神法吸收到公民法之中,他必须对所有支配其臣民行为的规则在偶然环境中的意思提供法定的解释。还有更多的东西将公民义务区分开来。除了使他们自己都受缚于放弃

管理自己的权利外，缔造了国家（*civitas*）的立约者还要保证自己运用其所有的力量和权力来支持公民主权者；也就是说，他们不仅在支配自己的权利方面，而且在运用其权力方面都使自己负有义务。因而，这就是公民义务和公民联合体的独特性和特殊品格：一个臣民不仅在其行动的权利上负有义务，而且也在其行动的权力上负有义务，而这样一个结合体是用已知的、权威的行为规则形成的，这些规则不可能不受惩罚地就被违背。

（6）**公民神学**。在霍布斯时代很久以前，宗教与公民生活之间的分离（这是早期基督教的结果之一）就已经被取消了。但在17世纪可以看到的重要变化是出现了这样一种情况，即宗教和公
74 民生活相互吸纳，就像基督教普世主义传统所允许的那样密切。这种情况至少让人想起了古代世界，那时宗教是对共同神灵的共同**崇拜**（*cultus*）。在英国，胡克（Hooker）以中世纪神学家的方式对这种吸纳做了理论分析；而留给霍布斯的是要回到一个更古老的神学传统（事实上是异教徒传统），并以更激进的方式将之理论化。

在中世纪晚期，将神学（即关于神圣事物的学说）区分为两部分已成为习惯，一部分与借助自然理性之光可通达的东西（这种学说很大程度上是从亚里士多德那里获得的灵感）相关，另一部分则与只有通过《圣经》的启示才可知的东西相关。也就是说，神学既是理性的，又是启示的。这种思维方式通过漫长的中介过程可追溯至属于晚期罗马世界但又稍有不同的神学学科（*genera theologiae*），它在理性神学（很大程度上又源于亚里士多德）与公

民神学之间做了鲜明的区分。[122] 后者是对在公民共同体中实际践行的宗教学说和信仰的思考。它关心的不是哲学的思辨或论证，不是第一因或上帝的存在，而只是与某种宗教**崇拜**相关的大众信仰。霍布斯返回的正是这个传统。当然，他思想的直接背景是晚期中世纪和宗教改革时期的政治神学，而《圣经》则是他要使他那个社会的宗教信仰集中归趋的权威源泉。这不是要认定他有意识地回到了某个早期的传统中，或他的思想方式在他那一代中是独一无二的。可以说，相比于像埃拉斯都(Erastus)这样的作家，他与意大利文艺复兴时期的世俗神学家有更多的共同之处。他看待他那个社会的宗教就像他是在《圣经》中发现它的那样，但不是用 75
一个新教神学家的方式，而是用瓦罗(Varro)的方式。

霍布斯的学说大致是这样展开的。宗教信仰是在这个世界中无可避免的某种东西，是具有最大的实践重要性的某种东西。它的产生出自恐惧，而恐惧又源于人的经验和推理之无可避免的限制。不可能有“关于人死后的地位的自然知识”[123]，因此，就不可能有自然宗教(在该词被接受的意义上)。自然宗教意味着某种普遍的自然理性；但推理不仅被限于可从感官的诉说中得出来的东西，而且它绝不会超出某些个人的推理。这样一来，首先对于感觉企及之外的事物的知识存在着普遍的、必然的匮乏；其次，在人的宗教恐惧中存在着对这种知识匮乏的无数特殊的表达；再次，在基督教《圣经》中公开收集了特定个体的一些恐惧，它们已经成为欧洲

[122] 奥古斯丁(Augustine)，《上帝之城》(*De Civitate Dei*)，Bk.VI。

[123] *L*., p.122.

文明化的宗教风格的基础。而这个结果就是混乱和冲突；混乱是因为《圣经》完全任由每个人的解释，冲突是因为每个人都想把他自己的恐惧强加到他人身上或因为他们要为自己要求一种独特的生活方式。

对霍布斯的同时代人来说，中世纪基督教的权威已经死亡，从这种宗教信仰的混乱中摆脱出来看来有两条可能的途径。第一条是自然宗教的途径。借助于自然理性之光，一种基于“不可改变的真理基础”[124]并取代了历史上的低级宗教的宗教可以在人心中找到，而通过获得普遍的承认，这种宗教得以在人类中确立起来，这
76 被认为是可能的。那些采取这条路径的人在笛卡尔的理性主义中找到了其指南，尽管他们的灵感比笛卡尔还要早，这将他们引向了自然神论的奇景和理性主义时代（*saeculum rationalisticum*）的其他幻象，而我们现在则生活在这些幻象暗淡的废墟中。另一条途径是公民宗教的途径，不是理性的建构而是权威的建构，关心的不是信仰而是实践，指向的不是无可否定的真理而是和平。这种宗教是主权性的公民联合体的配套物。而公民哲学在它赋予这种公民联合体一个思想基础的筹划中，无法回避建构一种公民神学的责任，这种公民神学的任务就是在基督教学说的复杂性中找到一种宗教，它能够成为权威的公共宗教，从公民联合体中消除来自宗教分裂所产生的混乱和冲突。这就是霍布斯的路径。他不是一个自然神学家，自然神学和自然宗教的成见是外在于他的整个哲学的；他是在新环境中的旧式公民神学家。对他来说，宗教就是现实

124　彻伯里的赫伯特（Herbert of Cherbury），《论真理》（*De Veritate*），第 117 页。

的宗教信仰，就是基督教。他关心的不是为了某种关于上帝和来世的普遍的、理性的真理而去改造那些信仰，而是消除它们那种扰乱社会的力量。17 世纪的这种宗教与任何其他时代的宗教一样，是一种以恐惧作为其主要构成因素的宗教。而霍布斯也与他那个时代的其他人——如蒙田和帕斯卡——一样，感受到了这种恐惧的影响；他是在对地狱之火的致命恐惧中死去的。在更早的时期，卢克莱修设想了这样一个方案，即通过给人以关于神灵的真实知识，将人从其宗教的黑暗恐惧中摆脱出来；但这种方案不可能进入霍布斯的心灵中。对他来说，那种解脱不可能来自有关自然的任何知识；如果它果真来自于此的话，那也必定是时间之功而非理性之效。但与此同时，公民神学不那么明显的任务却是使那种宗教成为某种无害于文明生活的东西。

（7）**超越公民性**。我已经说过，政治哲学是对公民联合体与 77
永恒之间关系的思考。国家（*civitas*）被设想为是对被认为处于需要拯救的状态中的人的拯救。至少这是许多政治哲学杰作的主导性观念，《利维坦》也在其中。在该书拉丁文版的前言中霍布斯写道：“这个可称之为国家的巨大的利维坦是一件艺术的作品；它是一个用以保护和拯救自然人的人造人，相比于自然人，它在体量和权力上要更胜一筹。”由此，我们就可以对基于这个计划而构想出来的任何政治哲学进行探究，不管公民联合体给人类带来的礼物从原则上说是拯救本身的礼物，还是某种更低的东西；如果是后者，它与拯救有什么关系。对这些问题的答案当然会告诉我们就一种政治哲学而言，我们所应该知道的东西；事实上，它们还会提供更多，它们会帮助我们确定它的价值。

当我们开始对那些伟大的政治哲学做这种探究时,我们发现,虽然它们各有其惯例,但它们都坚持如下观点,即公民联合体有助于实现它本身无法达到的目标;在公民联合体中的成就是一种真实的善,因此,它不能与那种构成整体之善的拯救相分离,但它是比拯救本身低的某种东西。因为对柏拉图和亚里士多德来说,公民联合体不是人的最高活动,在其中实现的东西必定始终缺乏最好的生活,后者是沉思的、智性的生活;而国家(*civitas*)对成就这个目标的贡献是在人类事务的组织上,以使任何有能力的人都不会被阻止享有它。[125] 对奥古斯丁来说,作为公民联合体之礼物的正义(*justitia*)与和平(*pax*)不过是对原罪之直接后果的必要补救;它们与上帝的正义及天国的和平(*pax coelestis*)有某种特殊的
78 关系,但它们本身不可能实现"心灵在享受上帝之际的完美有序的统一以及心灵在上帝中的彼此和谐"。[126] 对阿奎那来说,政治共同体(*communitas politica*)可以给人一种自然的幸福,尽管这种幸福也与超自然的幸福有关,但它本身不过是在灵魂的永生中对恶的次要拯救。斯宾诺莎也许比任何其他作家更完美地坚持这种看法:人的生活是一种寻求得救的困境,而在公民联合体中找到的不过是次好的得救,它为人提供了一种不可能轻易被取消的自由,但这种自由不能与属于这样一个人的得救相比,这个人通过他关于宇宙必然运作的知识,从必然性的力量中解脱出来。[127]

霍布斯也许比任何其他伟大的作家更加怀疑这一点。这个所

---

125 Plato, *Republic*, 614 sq.; Aristotle, *Nic.Eth*., X, vii—ix.

126 Augustine, *De Civitate Dei*, xix, 13.

127 Spinoza, *Ethica*, Pars, V.

谓的绝对主义倡导者看起来比别人更处于这样一种危险中，即通过将公民联合体设想为一个天国而使之变成一个地狱。然而对这种怀疑几乎没有什么辩护。对霍布斯来说，人的得救，他的困境的真正解决，既不是宗教，也不是理智，而是情感。人先于其他一切是激情的造物，他的得救不在于对他性格的否定，而在于对它的完成。这一点见之于福祉中，而不是快乐中——那些把霍布斯看作一个享乐主义者的人不幸是错得离谱了——福祉是暂时性的完满，没有定局也不提供安息。正如霍布斯所看到的，人不会为平淡的快乐而陷入有损尊严的争夺之中；在他的构造中，有着伟大激情的伟大之处。驱使着他的那种无止息的欲望不是痛苦，[128]它也不可能被任何暂时的或终极的成就平息下来；[129]来世所不得不提供的生活如果是某种不同于福祉的东西的话，那就是一种不适于我 79
们所知之人的拯救。[130] 对这样一个人来说，拯救是困难的；事实上将霍布斯与所有较早的和多数后来的作家区别开来的是他的这样一个假定：人是一个活动的“物体”，人的行为是惯性的而非目的性的运动，他的“得救”在于“对人们时常欲求的那些东西能不断地获得成功”。当然，公民联合体没有力量实现这一点。不过，它所提供的是与他的得救有关的价值之物。它提供了对某些境况的排除，如果不排除它们的话，就必定会危及对福祉的享受。它是一种否定性的礼物，只使被寻求的东西成为可能。在公民联合体中，能使人的生活被恒久地确立起来的唯一条件，既不是个体的满足，也

128 洛克(Locke)，《人类理解论》(*Human Understanding*)，II，xxi，32。

129 阿奎那(Aquinas)，《神学大全》(*Summa Theologica*)，II，i，1.Q.27.1。

130 *L*.，p.48.

不是辨明得失的智慧，而是和平。对于注定要在飞逝的时光中并总是向未来寻求其完满性的族类——它的最高德性是培养一种对其行为之系列后果的敏锐视觉，它的最大需求（不由自然提供）是摆脱幻念的干扰——来说，利维坦这个正义的尺度和野心的羁绊（*justitiae mensura atque ambitionis elenchus*）看起来将是一个既不应被轻视也不应被高估的发明。“泉涸，鱼相与处于陆，相呴以湿，相濡以沫，不如相忘于江湖。”

1946 年和 1974 年

二、霍布斯著作中的道德生活 80

1

道德生活是一种人际间的(*inter homines*)生活。即使我们倾向于为我们的道德义务寻找一个遥远的根基(比如上帝的意志),道德行为关注的仍是人类彼此之间的关系以及他们能够给彼此施加的权力。这无疑也渗透到了其他关系之中,如那些与动物的关系,甚至是与事物的关系,但是这些关系的道德意义仅仅在于他们反映了人们对彼此的倾向。进而言之,只有当人的行为摆脱了自然必然性的时候,也就是说,当人的行为中存在着其他选择的时候,道德生活才会出现。它并不要求在每一情形下都应该做出某一特定的选择,因为道德行为可能是习惯;它并不要求每一情形都应该找到一个并不倾向于以特定方式行事的人;它并不要求在任何情形下选择的范围都应该是无限的。但它确实要求选择的可能性,而我们可能认定,某一类特殊的选择(虽然并不必然是**这个**行动的选择)已经在某个时候被做出,尽管它们已经消失在一种稳定的倾向中并被取而代之。换句话说,道德行为是艺术,而非自然,它是对一种习得的技巧的运用。但是这里的技巧并非是知道如何 81

用最少的力气获得我们所需之物，而是知道如何像我们应该行为的那样去行为的技巧，并非是欲求的技巧，而是对被认同之事的认同和行动的技巧。

当然，所有这些都是众所周知的。每一位道德学家都已经察觉到在确定的人类倾向与应该如何对待它们之间的差距。但是还有其他某种东西应该被留意到，即我们应该做的事情不可避免地与我们事实上是什么联系在一起；而我们是什么就是（在这个联系中）我们相信我们自己之所是。而一位没能认识到这一点的道德学家就容易变得荒谬。休谟所抱怨的并不是厘清在道德命题与事实命题之间的联系的努力，而是这个联系得以被建立的那种仓促而不能令人满意的方式。正是敏锐的沃弗纳尔格（Vauvenargues）发现，拉罗什福科公爵（La Rochefoucauld）只有通过发明“美德不容于人性”（virtu incompatible avec la nature de l'homme）的遁词才能冷漠地宣告“没有任何美德”（il n'y avait aucun virtu）。确实，我们的文明展示了有关道德行为的诸多习语，其特别之处首先不在于它们有关我们应该如何行为的学说，而在于它们对我们事实上之所是的解释。

我认为有三种这样的风格，我将概括如下：首先，共同纽带的道德；其次，个体性的道德；最后，共同善的道德。

在共同纽带的道德中，人类只被承认为共同体的成员，而不管什么行为都被理解为共同的行为。在这里，能够为自己做出选择并倾向于这样做的单独的个体是不为人所知的，这并不是因为他们被压制，而是因为他们可能出现于其中的环境还不存在。在此，善的行为被理解为适当地参与到共同体的不变活动中去。就好像所有的选择都已经被做出，应该被做的事并不出现在一般的行为规则之中，而是出现在一种详尽的仪式中，要偏离它是如此困难，以至于似乎不存在有别于它的明显选择。应该被做的事无法区别 82
于已经被做的事，艺术显现为自然。然而，这是**道德**行为的风格，因为这种共同体活动的方式事实上是艺术，而非自然；它（当然）不是设计的产物，而是无数早就被遗忘的选择的产物。

另一方面，在个体性的道德中，人被承认为独立的和至高的个体（因为他们已经开始在这个特点中承认自己），他们的联合并非是在追求一个单一的共同事业中，而是在一种合作与让步的事业中相互联合，并尽最大可能地顾及彼此：它是关于自我和其他自我的道德。在此，个体选择是优先的，很大一部分的幸福与对此的践行联系在一起。道德行为被认为是存在于这些个体之间的确定的关系，而被认可的行为则是反映了独立的个体性——这被理解为人之为人的特点——的行为。道德是彼此适应的艺术。

共同善的道德来自于对人性的不同解读，或者（这是同一事物）源于有关人之特性的不同风格的形成。人类被承认为诸多独立的活动中心，但他们都同意接受某种行为，在这种行为中，一旦当个体性与被理解为由这些人组成的“社会”的利益（而非是其他人的个体性）相冲突时，个体性就被压制了。所有人都参与到一个单一的、共同的事业中去。在此，狮子和公牛尽管彼此有别，但是对它们只有一种**法律**，对它们只有一种单一的被认可的处境：狮子应该像公牛那样食用稻草。这种单一的被认可的人类境况被称作“社会善”或“所有人的善”，而道德是这种境况借以被获得和维持的艺术。

83 或许对欧洲道德史的更深刻的评论将揭示出其他一些普遍的道德倾向，可补充到这些道德中去，或许我对我所注意到的那些道德的描述只是对事实上已被感觉到的东西的强行确定的、理想的推断；但是我毫不怀疑，这些种类的倾向已经出现，而且它们在我们历史的过去千年中前后相继（甚至没有取代彼此），每个都依次引发与自身相适应的道德反思。

2

因而，在思考一位道德学家的著作时，所要弄清的第一件事就是他对人类本性的理解。在霍布斯那里，我们可以认识到一位正在探索我所谓的个体性道德的道德生活风格的作家。这一点也不值得注意。只有一位非常可怜的道德学家才会为自己发明美德或者某个版本的人性论，他必须从环绕着他的世界中获得规箴和对人性特征的解读。既然在 17 世纪的西欧出现的人性特征中，对个体性的感觉正变得越来越突出——独立的、冒险的人出去寻找其智识上或物质上的财富，而个体灵魂对它自己的命运负责——对霍布斯来说（正如和他同时代的道德学家那样），这就无可避免地成为他道德反思的主题。对霍布斯来说（或对 17 和 18 世纪的任何其他道德学家来说），无论是选择探讨共同纽带的道德还是共同善的道德都已不合时宜。因此，把霍布斯与他的同时代人区别开来的就不是他所选择去探索的道德生活的风格，而是他据以解释对个体性的这种流行感觉的精确方式以及他与之联系在一起或试
84 图从中推导出的有关道德行为的学说。如果每一位哲学家的事业

在于把流行的感觉转换为一般观念的习语，并通过为之寻找某个理性的基础而使一种有关人性的地方性版本普遍化，那么这个事业在霍布斯那里就通过他的哲学观而被强化了，即哲学是从观察到的事变中推导出一般原因的科学。他关注的是人和物；但他满足于允许两者间的联系中有某种松散性，[1]斯宾诺莎向我们呈现了一个由诸多形而上的个性（人只是一种普遍状况的特殊例子）组成的宇宙，与之不同，霍布斯作为一名道德学家的出发点则是独特的人之个体性；正如他理解的那样，他的当务之急是通过展示它的“原因”、成分和结构而使这种个体性理性化。

霍布斯关于人性特征的复杂形象取决于他所谓的“人性的两个最确定的假定”，即“自然欲望”或激情的假定和“自然理性”的假定。[2] 这个以不同的表述出现的形象已经困扰了欧洲思想多个世纪，尽管它最熟悉的表述是基督教的表述，但它也可以追溯到异教古代的拉丁思想中。它呈现在16世纪的诗人福尔克·格莱维尔（Fulke Greville）的诗句中：

> 哦，人之境况何其可怜，
> 他生而有则，却又另有所羁，
> 他枉然寻求，却被禁享荣华，
> 他生来羸弱，却被期以强健，
> 律则多歧，何谓自然？

1 *E.W.*, II, xx.

2 *E.W.*, II, vii.

激情与理性，自我分裂之因。

但是，当诗人满足于描绘一个形象时，哲人的任务则是要解决其内在的矛盾并使之可被理解。

85 对霍布斯深思熟虑和精雕细镂的人性形象的任何删减都是危险的，但是现在要追随其所有的复杂线索是不可能的。简而言之——至少与霍布斯自己相比——他把人理解为一个以内部运动为特点的身体性结构。首先，存在着他所谓的**生命**运动，无意志的运动，它就等同于活着，它体现在血液循环和呼吸中。然而，这个身体结构存在于一个它对之敏感的环境中，它与这个环境的联系被认为非有助于即有碍于其生命运动。对生命运动友好的经验就是快乐，并被承认为善；对之不友好的则是痛苦，并被承认为恶。因此，快乐和痛苦是对我们自己活着的内省觉知；我们偏爱快乐甚于痛苦，因为我们偏爱生命甚于死亡。更进一步来说，我们所偏爱的事物，我们努力使之实现。我们努力去体验那些会促进我们的生命运动的接触，并避免那些妨碍它们的接触；这些努力被霍布斯理解为趋向或远离我们的环境要素的初始运动，他相应地称这些运动为“欲求”和“嫌恶”。

总的来说，霍布斯对于活着的这种描述同时适用于人和动物，其中的某些也许还适用于其他有机物：一种因与环境接触而被刺激或受阻碍的生命运动的原始禀赋和一种对死亡的原初嫌恶。但在这一点上，霍布斯对人类和其他有机体做了区分。比如说，一只动物可能感到快乐和痛苦，但它的生命运动只受它与之有直接联

系的环境的影响，它的欲求和嫌恶是有关喜欢和不喜欢的运动，这些只与现存之物有关，它的渴求是当下的渴求。[3] 但是人有其他 86
禀赋，这扩大了他们的欲求和嫌恶的范围。其中最主要的是记忆和想象。人类能够储存他们关于快乐和痛苦的经历，并在后来回想它们的原因；除了他们无法逃避的对象环境，他们还沉浸在一个想象的经验世界中，他们能够欲望那些除了在想象中别无存在的事物。他们的欲求是有创造力的并能自觉追逐的，他们能够为实现其想象的目的而自觉地运动，而非仅仅对偶然地构成其环境的东西做出反射性的回应。在欲望和爱、厌恶和憎恨以及快乐和悲伤等简单激情之外，还应加上希望和绝望、勇气和愤怒、野心、悔悟、贪婪、嫉妒和报复。他们欲求的不仅仅是一个当下有利于其生命运动的环境，而且还是对这个环境的支配，这将确保其在将来的顺利；而他们所追求的目的，即福祉，严格说来并不是目的，而只是“在获得人们时不时地欲求的事物上的持续不断的成功”。[4] 然而，他们是骚动不安且从不满足的，这不只是因为世界不断地刺激他们做出新的回应，而且是因为一种具有想象力的造物的欲望在本质上是无法被满足的。他们“有一种永不止息、至死方休的权力欲”，不是因为他们被驱使着去追求“更强烈的快乐”，而是因为若不获得更多的权力，他们就不能确保他们目前拥有的能良好地生活的权力。

而且，正如霍布斯理解的那样，尽管人和动物在他们的自我中

3 *L.*, p.82.

4 *L.*, p.48.

心主义方面是一样的，他们之间的显著差别则在于人的欲望和激情的竞争性本质：每个人都想要去胜过所有其他人。“人的欢乐在
87 于把自己和他人做比较，他感到得意的只是让他出人头地的事情。”[5]结果，人的生活就是一场竞赛，它“除了拔得头筹之外没有其他的目标和冠冕”。福祉就是“持续不断地处于超前状态”。[6]确实，人的最大快乐——那最能刺激他心灵的生命运动的东西——是对他自己权力的意识；他的自然欲望的源泉并不是当下世界给予他的东西，而是他对领先的欲望，对成为第一的渴望，对荣耀和被其他人承认并尊崇[7]为杰出的欲望。他最高和最具特点的激情是骄傲，他首先希望的是让别人相信他自己的优越性。这种欲望是如此强烈，以至于他倾向于假装满足它，如果（通常情况是如此）事实的处境不让他满足的话。因此，骄傲可能蜕变为虚荣（仅仅是“为自得其乐”而假想的荣誉）；而在虚荣的幻觉中，他在争先的竞赛中就失去了根据。[8]

然而，骄傲的激情有一个伙伴，即恐惧。在动物那里，恐惧可以被理解为单纯地受到惊吓，但在人那里，它是某种更重要的东西。任何具有想象的造物在力图维持他对其同类的优越性时必定对他做不到这一点而感到恐惧。在此，恐惧不只是焦虑，唯恐随后的快乐离开他，而且是惧怕在竞争中落后并因此而失去福祉。而每一个这样的惧怕都是对终极恐惧即对死亡的恐惧的反映。但

5 *L.*, p.130.

6 *Elements of Law*, I, ix, 21.

7 “尊崇”人就是尊敬他是拥有巨大权力的人。*E.W.*, IV, 257.

8 *Elements*, I, ix, 1; L., pp.44, 77.

是，动物可能害怕那些引起嫌恶的东西，而对人而言，主要的恐惧（在它面前所有其他东西都不值一提）则是对竞争中的其他竞争者的恐惧。对动物而言，终极的惧怕是任何方式的死亡，而人的终极恐惧是对在他人手下暴死（或过早死去）[9]的恐惧；因为这是耻辱， 88
全部人之失败的象征。这种恐惧就是霍布斯所说的“要认真对待的”人类激情：它的根源并不纯粹是在不利处境中继续活下去的简单欲望，也不是对死亡的单纯嫌恶，更不要说是对死亡之痛苦的嫌恶；它的根源是对可耻死亡的嫌恶。

那么，人的生活就是在骄傲和恐惧之间的冲突；这些首要的激情中的每一个都阐明了另一个的特点，而它们一起则界定了人们在彼此之间所享有的矛盾关系。他们需要彼此，因为如果没有他人就没有优先权，没有对优越的承认，没有荣誉、赞美和引人注目的福祉；然而，每个人都是每个人的敌人，都被卷入了对优越感的竞争之中，他在其中不可避免地感受到了失败的忧虑。[10]

至此，对于“自然欲望”的假设以及它在人的性情和行为中所隐含的结果已经说得够多了。但是还有第二个假设，即“自然理性”的假设。

在霍布斯的词汇中，“理性”“理性的”和“推理”意味着不同的

9　*L*., p.100.

10　这就是“一切人反对一切人的战争”（*L*., p. 96），霍布斯对此的理解是一种普遍敌视的恒久状态。当然，认为霍布斯发明了这个“自然”人关系的形象是一个误解（它至少可追溯至奥古斯丁，后者把该隐和亚伯的故事看作是其象征），他所做的只是以新的方式使之理性化，使之与“罪”脱离。再者，霍布斯把这种状态与另一种也被称为“战争”的状态区别开来，在战争中的敌意是断断续续的和具体的，他承认这种状态是一种和平状态[即国家（*civitas*）]得以建立和保卫的手段，而“一切人反对一切人的战争”则从来不是如此。

人之权力、禀赋和才能，尽管它们彼此相互关联，却不能等同。一般来说，它们是代表着权力的词汇，这种权力不是使人彼此有别，而是使他区别于动物。人有别于动物之处在于他拥有两种权力，
89 这至少可以被承认为理性的征兆。首先，他们能够以这种方式管理他们的“思维序列”，即不仅能理解所想象的事物的原因，而且“当不管想象什么事物时都能探寻由它产生的一切可能的结果。也就是说，他们能想象当他们拥有这种事物时，可以对之做些什么”。[11] 换言之，人的思考过程具有一种动物们所没有的范围和次序，因为在他们那里感觉被推理所补充。这似乎是一种自然的禀赋。其次，人具有言语的能力；[12]言语就是将“我们的思维序列”转变为“语词序列”。[13] 这是一种当亚当被上帝教导如何对那些呈现在他面前的造物命名时，从上帝那里（“语言的第一作者”）获得的特殊禀赋。这是人之独特的“推理”能力的条件，这种推理能力就是以一种有意义的方式把语词组合在一起并形成观点的能力。然而，言语的能力应该被每一代人重新学习，一个孩子只有当他“获知言语的运用”时才可被承认为“理性的造物”。[14]

语词的首要用途是作为“记忆的记号或标记”并记录我们思想的序列，[15]但它们也可以被用来与他人交流信息和欲望。诚然，动物也拥有一些交流其彼此欲望的手段；但是由于不会运用语词，它

[11] *L*., p.20.

[12] *L*., ch.iv.

[13] L., p.24.

[14] *L*., p.37.

[15] *L*., p.25.

们无法交流它们没有获得的东西(由于其想象的贫乏),也就是说,那些目标长远、深思熟虑的事情,这些在人那里被恰当地称作“意志和目的”。它们的交流能力,进而它们彼此所达成的同意是“自 90
然的”或本能的。[16] 另一方面,在人们中,交流是借助于语词的技艺。通过这些手段,他们可以(除了其他功能外)“让别人了解(他们的)意志和目的,(他们)可以获得彼此的相互帮助”。[17] 因此,言语是人们在彼此间所享有的相互理解的基础,而这种相互理解是他们彼此在追求其欲望时可能达成的同意的基础。确实,正如霍布斯所理解的那样,言语本身(作为交流的工具)是建立在同意的基础之上的——关于语词意义的同意。

一般来说,人们之间的同意只出现在具体的同意中,而这可能有三种不同的情形。有时是这样的:一个人想要另一个人所拥有的东西,而后者也愿意出售(如果他得到补偿的话),交易就可能达成并当场成交,就像现金买卖中的情况那样。这个情境被霍布斯描述为物与对物的权利一道被转让的情境。[18] 不管一个人对他与之交易的人可能是多么不信任,他所遭遇的唯一失望是每个购买者都会有的失望,即发现他所购买的东西结果不同于他所期望的。然而,在其他场合中,权利在物本身被转让之前就已经被转让了,如在支付一笔钱后,得到的承诺是将在明天交付被购买之物,或者当一个人同意做一礼拜的工作以便在该周结束时得到报酬时。这种合意被称为“协议”或“契约”,一方承诺,而另一方执行并等待承

16 *L*., pp.130 sq.

17 *L*., p.25.

18 *L*., p.102.

诺被履行。换句话说,契约是一种需要信誉保障的同意。而这个
91 信誉的因素就是第三种同意的首要特征,霍布斯谓之"相互信任的契约"。在这类契约中,没有任何一方是"当下履行的",双方都同意在以后履行。正是就这类契约而言,"理性"发出了它最明白无误的警告,而人们在自然状态中的真实困境也在其中被揭示出来。

因而,人类由于其想象的权能(包括未来和现在)和他们的言语能力而被承认为能制定合同和契约的造物,他们的同意并不是"自然的",而是在"人为的"合意中被执行的。[19] 而且,既然合意可以被视作改变怀疑和敌意的状态(这是他们的自然环境)并进而改变该状态中所包含的恐惧的努力,则人类一般而言就有充分的理由来实现它们。但令人遗憾的事实在于,这个本来最有用的合意(亦即相互信任的协议或契约)所提供的宽慰是不确定的和易消逝的。因为在这些合意中,一方必须在另一方遵守其协议部分之前先履约,而第二履约方不守承诺的风险(要么是由于这样做不符合他的利益,而更有可能的则是由于"野心"和"贪婪"作怪)必定总是巨大的,足以使任何人认为做第一履约方是不理性的。由此,这种契约可能已经签订了,理性却警告我们不要先履行它们,[20]并因此而反对签订这种契约,除非是作为第二履约方。简而言之,如果"理性"只是使人们进行交流并与彼此订立契约,那么它必须被承认是一种有价值的禀赋,但它不足以解决在骄傲和恐惧之间的张
92 力。然而,这并非是其有用性的界限:这些"理性的"权力也揭示了

19 *L.*, p. 31. 当然,在人和兽之间的契约是不可能的,但在缺乏中介的时候与上帝的契约也是不可能的。*L.*, p.106.

20 *L.*, p.131.

所订立契约的缺点可能被补救的方式，并使人们有可能从自然欲望的挫折中解放出来。

如霍布斯所理解的那样，“理性”在此不是任意地强加到人的激情本性之上的；其实，它是由恐惧本身的激情产生的。因为恐惧在人那里是活跃的和有创造力的；它在他们中引发的不是纯粹的撤退倾向，而是“对未来之恶的一种特定的预见”以及“留意”和应对所惧之物的冲动。“他们旅行时随身携带着剑……甚至是最强大的军队，尽管他们娴熟于战斗，（然而）有时也要为和平而斡旋，因为恐惧其他人的权力，唯恐自己被打败。”[21]简言之，对在竞争中可能会降临到他身上的不幸的恐惧使人从他的虚荣梦（因为对任何持久优势的信仰就是一种幻想）中清醒过来，并强迫他关注其处境的真实的不确定性。

他的第一个反应是通过清除他直接的敌人——在争先的竞赛中离他最近且先于他的人——而胜出；但“理性”却把这视作短视的胜利予以拒绝，因为总是有其他要被清除的人，而且总是有无法清除他们的不确定性。除此之外，清除一个敌人就是放弃他对我自己的优越性的承认，就是放弃福祉。[22] 需要获得的是永久地免于对不名誉之死的恐惧；由恐惧产生的理性把避免死亡的威胁看作任何欲望得以满足的条件，它宣布要对争先的竞赛做一致同意的修改，也就是说，要一种和平状态。自然欲望的结果是骄傲和恐惧，理性的“建议”和承诺则是和平。而和平是对一个共同的敌人

21　*E.W.*, II, 6 fn.

22　参见 *L.*, pp.549—550。

（死亡）相互承认的产物，它只有在共同服从于一个人为创生的主
93 权权威的条件下才能获得，也就是说，只有在国家（*civitas*）中才能获得。[23] 在由公共权力——它被授权这样做——创制和执行的公民法之下，契约失去了其不确定性，成为“稳定而持久的”，而一切人反对一切人的战争遂被终止。争取和平的努力是自然的，它基于人的恐惧而由人的理性所引发；和平状态是一种发明，由理性所设计（或发现），并在“每个人对每个人”的合意中生效，在这种合意中，每个人都把他“统治自己的权利”转让给了一个“公共权威”。[24]

这样说来，存活下去要比夺得头筹更可欲；骄傲之子为了活着必须成为驯服之子。然而，如果我们把这一点作为霍布斯对自然人之困境的解决方案接受下来，那还是有不一致之处。人的生命被解释为在骄傲（对卓异与荣誉的激情）和恐惧（对不名誉的担忧）之间的张力，而理性知道如何去解决它，但是存在着困难。

首先，解决之道被认为是片面的：恐惧以福祉为代价而被缓和。但这种处境只被这样一种造物所欲求，即与其说他欲求的是受人尊崇，毋宁说他更怕遭到羞辱，他满足于生活在一个荣誉和耻辱都已经被移除的世界中——然而这并不完全是霍布斯向我们所描述的造物。最终，理性能教导我们的一切看起来就是我们得以逃避恐惧的方式，但是充满骄傲的人将不会倾向于把这种低层次的（即使是镶有金边的）安全视作对其需求的回答，尽管他相信拒绝它几乎会招致不可避免的羞辱。简言之，要么这是一种适合于

23 参见第133页附录部分。（此处指原书页码，即本书边码。——译者）

24 *L*., pp.131—132.

更普通造物之特点的解决之道，他只渴望“成功地获得那些人们时不时地欲求的东西”[25]，他想要以一种最谦卑的方式尽可能无阻碍地从他的同胞那里得到尽可能多的帮助以致成功，对他来说，在这种处境中，活着要比快乐更重要；要么霍布斯以这样一种方式来界 94
定人的福祉是错的，因为人们（如他所理解的那样）要体验到这种福祉是内在地不可能的，他的错误在于使福祉的条件成了获得它的障碍。

其次，我们或许可以去探询，根据霍布斯对处境的解读，为什么骄傲和恐惧不应被允许保留下来，而不尝试去解决两者之间的张力。无疑，当理性发声时，它可以正当地要求被听到；因为理性与激情一样属于“自然”。但是如果（如霍布斯对它的理解）理性的职责是仆从的职责，揭示事件可能的原因，行动可能的后果以及可欲的目的借以实现的可能手段，那它从何处获得权威以决定人们的行动选择？如果没有这种权威可以赋予它，那我们是否要被迫做更多，而不是去注意它的解救然后选择（明知后果如何）我们该做的事？一个审慎的人——他的生存受到威胁——将不容易把他的审慎解释清楚，他可能会以他在“理性地”行动这样的意见来支持自己；但当他在另一个人（他选择了冒险的荣耀事业）那里看到他自己所放弃的“欢乐”时，他可能突然发现其审慎丧失了价值。他将想起存在着如愚蠢这样的东西；他最宝贵的安全可能看起来是一团不那么吸引人的阴影，一种与人性特征不那么相契的阴

25 *L.*, p.48.

影。[26] 也许，他甚至模糊地发现：

> 世间没有快乐会令人如此甜蜜，
> 如同让智者拜倒在愚人足下。

无论如何（尽管如我们将看到的那样，霍布斯被不公正地指责
95 为忽视了这些考虑），我们也许可以怀疑，霍布斯似乎在此建议追求和平，并拒绝承认荣耀是“理性”的行为，却忘记了他在其他地方的观点，即“理性只用于使人相信推断（而非事实）的真理”[27]，而不恰当地利用了“理性”更古老的含义，即它被承认为具有主人或至少是权威指引的品质。

3

正如刚开始所显示的那样，和平状态仅仅是自然理性的结果。从虚荣的假想中醒悟过来，并为对可耻死亡的恐惧所激发，“理性”不仅向人们揭示存活与和平之间的联系，而且也“推荐”这种状态可能借以获得的手段并揭示它的结构，即霍布斯所谓的“和平的便利条款”。[28] 我们现在不关注第一点（即成功的手段），而要考察第二点，以揭示霍布斯的“和平”意味着什么。总共有 19 个条款，它

---

[26] 但对此可以提出一个事实，即：在国家（*civitas*）中依然有竞争和冒险的机会；我们被剥夺的是在完全不受保护的轻率行为中的成功的“欢乐”。

[27] *L*., p.292, etc.

[28] *L*., p.98.

们一起勾勒出了争先的竞夺被取代的条件，不是通过合作的事业，而是通过相互的克制。然而，霍布斯说，这一系列的条款“可以被概括为一条简易的总则，甚至连最平庸的人也能理解，这就是：己所不欲，勿施于人”。[29] 准则的否定形式揭示了霍布斯正在探索的道德生活的风格，但他把其解释为（正如孔子在他之前所做的那样）一种顾及他人并避免偏袒自己的命令。[30]

但是变化已经发生。和平状态——首先提供给我们理性的原 96
理，涉及避免可耻死亡的行为的本质（也就是说，作为一种审慎智慧）——现在表现为道德义务。显然，（根据霍布斯的假设）在各种情况下，不宣布支持和平以及不以和平能被确立的唯一方式来确立它是愚蠢的；而且在某种程度上，不如此做已经成了失职。这种风格的变化也不是无意的。因为霍布斯确切地告诉我们，他实际上理解道德行为的本质，以及它与单纯的审慎或必要行为之间的差别。

然而，应该看到，在霍布斯的词汇表中，“善”和“恶”（通常来说）没有道德意涵。“善”仅仅代表可欲的东西，也就是任何可能是人之欲望对象的东西；“恶”则表示任何厌恶对象的东西。因此，它们是赘词，仅仅重复了像在“令人愉快的”“令人痛苦的”等词语里已经表达过的东西。当霍布斯说“理性宣布和平是善的”时，他并不是说所有人都应该促进和平，而只是说所有明智的人都会如此做。[31] 当他说“每个人都欲求他自己的善，而他的善就是和平”时，

---

29 *L*., p.121；*E.W*., IV，107.

30 *Analects*，XV，23.

31 *E.W*., II，48； V，192.

他并没有得出结论说每个人都应该争取和平，[32]而只是说不这样做的人是“自相矛盾的”。[33] 诚然，存在着霍布斯所谓的“理性的诫命”，甚至是“理性的规则”“理性法则”或“理性的命令”，由于这一缘故，使得那些理性的东西在某种程度上看起来是义务性的。但是他给出的所有例子都清楚地表明，“理性的诫命”只是一种假设的诫命，不能等同于义务。他说节制是“一种理性的诫命，因为不
97 节制导致疾病和死亡”。[34] 但是节制不是一种义务，除非活得好好的是一种义务，霍布斯清楚地表明这些是“权利”，因此并非是义务。当他把自然法一般地描述为“理性的命令”时，他清楚地表明他指的是理性的“说法”或“宣告”，而不是“命令”。[35]

但是“正义”这个词具有一种道德意涵，当霍布斯以规范的风格书写时，这个词是他最常用的：道德地行事就是做出正义的行为，做一个有美德的人就是拥有一种正义的倾向。然而，尽管正义地行事可被等同于履行某些行为以及不做其他行为，这种等同要求某种细微差别。一个人的义务就是拥有“一种真诚而持久的努力”[36]以正义地行事。首先要紧的是努力而非外部的成就。诚然，一个人可能在表面上做正义的行为，但因为它只是偶然为之或者是在追求不正义的努力中做出的，他就必须被认为并非是行正义之事，而仅仅是没有罪；相反，一个人可能做出一种不公正的行为，

[32] 在霍布斯的习语中，说一个人应该欲求任何事物是没有意义的，尽管有的时候他也掉入这种言说方式之中。参见 *L*.，p.121。

[33] 参见 *L*.，pp.101，548；*E.W*.，II，12，31。

[34] *E.W*.，II，49.

[35] *L*.，pp.122 sq.

[36] *L*.，p.121.

但是如果他寻求的是正义，他在事实上来说是有罪的，但他并没有不正义地行事。[37] 但必须理解的是，首先，对霍布斯来说，“努力”(endeavour)并不能等同于“意图”：“努力”就是履行行为，做出可识别的运动，因此，对他人来说，判断一个人的“努力”是可能的，而对他的意图则可能很难有把握。其次，对我来说这一点是可疑的，即霍布斯是否主张存在着一种要成为一个正义的人的义务，只有当一个人既正义地行事（也就是做出那些构成“力求正义”的运动），又无罪地行事（也就是避免做出伤害）时，他才达成了义务。

现在，正如霍布斯所理解的那样，道德努力的目标是和平；我们已经知道一种理性的努力现在被宣布为正义的努力所要达到的
目标。或者，把这个定义再稍加扩充，正义的行为就是真诚而持久 98
地努力以承认所有其他人是与自己平等的，在考虑他们的行为与自己的关系时认为自己的激情和自爱是不重要的。[38] 我认为，“真诚的”这个词旨在表明这种努力并不是一种道德的努力，除非它是为了它自身的缘故而被追求，而不是比如说为了避免惩罚或为了给自己赢得好处。“努力”这个词不仅意味着总是意在和平，而且总是以这种方式行事，以使和平成为我们行为的可能结果。

由此，在我们面前的诫命是“每个人都应该力求和平”，而我们的问题则是，霍布斯为这种道德行为的描述提供了什么理由或辩护？为什么一个人应该真诚地努力去遵守诺言、与他人和谐相处、不多拿应得之份、不做他自己案件中的法官、不对他人显露恶意和

---

37 *E.W.*, II, 32; IV, 109.

38 *L.*, pp.118, 121.

轻蔑、视他人与己平等以及做其他一切适合于和平的事？[39] 霍布斯是如何弥合在人的自然倾向与他应该对他们做些什么之间的鸿沟的？伴随着这个问题，我们就抵达了霍布斯道德理论的隐秘核心。因为对这个问题的回答不仅是我们应该在任何一位道德学家那里寻找的主要事物（这些道德学家通常从流行的道德意见中获得他的诫命，而他自己只是提供了相信这些诫命为真的理由）；而且在霍布斯那里，这个问题也是他的评论者们最难以发现其答案的，尽管有些人已经给我们下了结论，并以相当的自信否定了其他人的结论。霍布斯通常更关注于阐释那所谓的正义行为的充足动
99 机或“原因”，而不是寻找称之为正义的充足理由，以致那些为我们的问题寻找答案的人不得不运用他们的全部才智。

4

关于霍布斯对这个问题的回答，有三种流行的解读值得考虑，尽管它们中没有一个（我认为）完全令人满意，但每一个都被明晰而仔细地论证了，且每一个都有可信性。[40]

（1）第一种讨论是这样进行的：[41]

每个人要么努力“保存他自己的本性”，要么力求某种超逾于此的东西，比如在竞争中保持第一。根本不力求任何东西是不可

39 *L.*, ch.xv.

40 当然，总共远远不止于三种。

41 L.Strauss, *The Political Philosophy of Hobbes*.

能的:“没有欲望就是死亡。”现在,每个人在任何情况下都有权利去努力“保存他自己的本性”[42];他在如此做的时候就是在正义地行事。任何人在任何情况下都绝没有权利去力求某种超逾于此的东西(比如通过沉溺于无益的残酷之中或者通过欲求成为第一);如果他追求对“保存他的本性”来说是多余的东西,[43]那么他的努力就是不理性的,应受谴责和不正义的,因为这是一种自招灭亡的努力。但是我们已经看到,力求保存他自己的本性正好就是力求和平;力求过甚于此的则是力求战争和自我灭亡。因此,当一个人努力于和平之时,他就是正义的,当他努力于战争之时,他就是不正义的。每个人有变得正义的义务,(原则上说)他除了力求和平之外没有其他义务。简而言之,义务等同于倾向和行为,它们在并 100
不“自我矛盾”的意义上是理性的。据说,霍布斯在如下观察中找到了对此立场的支持,即一个人保存自己本性的努力得到了良知的同意,而超逾于此的努力则不被良知所赞同:无罪和有罪的感觉分别与这两种努力联系在一起。因此,只有那种出于对可耻死亡的恐惧并且被设计为缓和这种恐惧的活动才拥有良知的同意,并且是义务性的。

现在可以确定,这是一种道德理论,因为它试图阐明自然欲望与可允许的欲望之间的差别;它没有把权利同化为强力或者把义务同化为欲望。而且,这是一种将道德行为与审慎的理性行为相等同的理论:正义的人是那些被恐惧驯服的人。但是如果霍布斯

42 *L.*, p.99.

43 *E.W.*, II, 45 n; *L.*, pp.116 sq.

说的仅仅是这些，那么他必定被认为还没有说够。无论如何，他确实说了更多的和不同的东西。

首先，在对“为什么所有的人都应该力求和平？”这一问题的回答本身就引发了一个问题：我们想要知道为什么每一个人都有义务只努力于保存他的本性。整个立场奠基于如下信仰之上，即霍布斯认为每个人有*义务*以这种方式行事，以致不冒自我毁灭的风险，而霍布斯说的却是，每个人有*权利*去保存他的本性，而权利既不是义务，也不产生任何种类的义务。[44] 其次，有一种对霍布斯的解释把他描绘成说义务的行为就其是“一贯的”或并不自相矛盾的行为这个意义而言是理性的行为，它是义务的是因为它在这个（或任何其他）意义上是理性的，这种解释必须被看作离谱的。为了表示行为中何为可欲的，有些地方霍布斯诉诸了“不自相矛盾”的原

101 则；[45]但是，可以放心地说，他清楚地区别了单纯理性的行为和义务性行为。没有任何对霍布斯的可信解读会把自然法认定为义务性的，因为它代表了理性行为。第三，这种解释并没有认识到道德行为是对所有他人都与自己平等的无私的承认，而霍布斯认为这一点对于和平来说是根本性的；所有对和平的努力——不管它如何和利益相关——都将同样地是正义的。最后，在这个描述中存在着在被称为正义的行为的原因与认为它是正义的理由之间的混淆。因为害怕可耻的死亡和逃避并不是我们为什么有力求和平的义务的理由，它们是我们如此做的原因或动机。即使“理性”

44　*L*., p.99.

45　比如 *E.W.*, II, 12, 31；L., pp.101, 548。

(reason)被补充为(如霍布斯所补充的那样)恐惧和骄傲之间的协调者,我们依然没有从原因的领域逃离进入正当性的领域,因为“理性”对霍布斯来说(除了那些他无疑是模糊的地方)不具有规定的强力。简言之,如果霍布斯仅仅说了这些,那么他必须被认为完全没有一种道德理论。

(2) 然而,关于这个问题还存在着对霍布斯观点的其他解释,它们的思路有所不同。我们接下去要考虑的也许是所有流行的描述中最简单的一种。它的内容如下:

根据霍布斯的观点,所有的道德义务都来自于**法律**;凡没有法律的地方就没有义务,没有正义和不正义的行为之间的区别,凡有严格意义上的法律的地方,对那些处于该法律之下的人来说就有服从它的义务,如果也有服从它的充分动机的话。现在,严格意义上的法律(我们被告知)是“有权力去指挥其他人的那个人的命令。”[46]或者(在一种更加丰满的描述中)“法律一般而言……是命令;不是任何人对任何其他人的命令,而只是对原先就有义务服从 102
的人发布命令的那种人的命令。”[47]一个严格意义上的立法者通过那些受其命令支配的人所给予他或承认他所拥有的权威,而获得了这种被服从的先在权威,“任何人所担负的义务都是从他自己的行为中产生的”。[48] 这种授权或承认的行为是真正的立法权威所必需的条件。换言之,对霍布斯来说,不存在任何“自然的”、非习

46 *L*., p.123.

47 *L*., pp.203,406; *E.W*., II,49.

48 *L*., pp.166,220,317,403,448; *E.W*., II,113,191; IV.148.

得的立法权威之类的东西。[49] 另有两个义务的条件也被添加在这里：严格意义上的法律只有当那些被迫服从它的人知道他是法律的创制者，并且他们准确地知道他命令什么的时候才能从“立法者”那里发布出来。但是事实上，这些条件包含在第一个条件中；因为没有臣民在缺乏这种授权或承认行为时会知道他自己是臣民，不可能在履行这种行为的同时却不知道谁是主权者和他命令什么。

简而言之，这无疑是霍布斯的观点，即法律是某种被创制之物，它只有在被立法者以某种方式制定、具有某些特点时才有约束力；而义务仅仅源于法律。或者，换句话说，没有任何命令是内在地（也就是说仅仅基于它命令了什么或者基于它所命令的内容的合理性）或者自明地具有约束力的；它的义务性是某种要被证明或者被驳斥的东西，霍布斯告诉我们哪个证据是与这个证明或驳斥

103 相关的。这个证据仅仅关注命令是否是严格意义上的法律，也就是它是否是由那个有权制定它的人创制的。

现在，“国家（*civitas*）的法律是严格意义上的法律”这一命题对霍布斯来说就不是一个经验的命题，而是一个分析的命题；[50] 国家（*civitas*）被定义为人类生活的人为条件，在那里存在着由立法者制定的、众所周知的法律，这个立法者从那些服从于他的人那里

49　在有些段落中，霍布斯似乎倾向于承认只有全能才是立法权威，这些段落不应被排除于这种条件之外。全能，正如任何其他权威的特性那样，是被给予的东西；只有那些被承认或被认可为如此的人或者那些被公开地给予不受限制的权力的人才是全能的。这对上帝（上帝之名仅表示第一因的地方除外）和对人是一样的，因为“上帝”是人们同意给予某种意涵的名字。*L*., pp.282, 525.

50　参见 *L*., p.443。

获得了他们所给予他的制定法律的权威，[51]法律所命令的内容是众所周知的，并且对它有可靠的解释。此外，那些服从这些法律的人对他们的服从有一种充分的动机。公民法满足了严格意义上的法律的所有条件。由此，霍布斯的确定观点（那些对霍布斯的著作做此种解读的人就捍卫这个观点）是，公民法无疑是义务性的，它们的义务性并不来自于它们是对其他一些具有“自然”义务的“自然”法的反映，而仅仅来自于它们的创制者的特点和它们借以被制定、颁布和解释的方式。为什么我在道德上一定要服从我的国家（*civitas*）主权者的命令？（这对霍布斯来说是个重要问题）这个问题所需要的答案不外乎是，因为我与其他和我处于类似困境并拥有共同的立约倾向的人基于一致同意，通过“授权”给这个主权者，知道他是无可置疑的立法者，并且知道他的命令是严格意义上的法律。[52] 更进一步来说（它论证说），国家（*civitas*）的法律不仅是严格意义上的法律，而且在霍布斯看来，它们是国家（*civitas*）中唯一具有这种特点的法律。在一个国家（*civitas*）中，无论是所谓的教会“法”还是所谓的自然法，除非并且直到它们如此被制定，即被颁 104
布为公民法，它们才是严格意义上的法律。[53] 的确，这就是霍布斯的观点，即没有任何法律——严格意义上的法律——不是在公民主权者的命令这个意义上的“公民”法：只有在上帝是一个通过其

51 这一点无论对那些其权威是通过占有获得的还是通过制度获得的主权者来说都是真的（*L*., pp. 549 sq.）。霍布斯认为它对于犹太人的古老“王国”来说也是真的（L., ch.xxxv）。

52 *L*., pp.131, 135, 166, 220, 317.

53 *L*., pp.205, 222, 405, 406, 469.

代理人行使主权的公民主权者的地方，上帝的法律才是严格意义上的法律。当然，公民主权者并没有“使”自然法成为关于人之保存的理性原理，但是他确实在最严格的意义上“使”它们成为严格意义上的法律。[54] 比如，把上帝的东西交给上帝(上帝在那里并不是公民统治者)，把恺撒(Caesar)的东西交给恺撒，这可能被描述为理性的，但是根据霍布斯的说法，这并没有成为一种义务，除非它们各自的领域得到界定，而在这两种情况下，做出界定则是公民法的事情。无疑，在国家(*civitas*)中，臣民可以保留某种自然权利的残余，但是根据霍布斯的说法，自然权利并不是一种义务，和人的义务没有任何关系。

对霍布斯有关道德义务思想的这种解读，依然存在着如下疑问，即他是否认为那些并不属于一个严格地构成的公民主权者的臣民，并因此在公民法下没有义务的人仍然有义务和权利。而这个问题本身又可归结为如下问题，即在没有公民法的地方是否存在严格意义上的法律？这是一个有趣的问题，但对于那些以我们现在正在考察的方式解读霍布斯的人来说，则由于两个原因而并不算是极其重要的问题。首先，霍布斯被认为不是为野蛮人而是为那些属于某个国家(*civitas*)的人写作的；他的计划是要表明他们的义务是什么以及它们什么时候出现，如果他已经给出了一个相信公民法是有约束力的，并且是唯一有约束力的法律的理由，那
105 么他就不需要做更多了。其次(基于我们正在考察的这种解读)，公民法的义务不可能来自于另一种法律，或者无论如何与另一种

54 *L*., p.437.

法律相关，即使这另一种“法律”在不同于国家（*civitas*）的环境中被认为是严格意义上的法律，并对所有人施加义务：在一个国家（*civitas*）中，**唯一**严格意义上的法律是公民法。这个解释的核心是这种信仰，即对霍布斯来说，国家（*civitas*）并不构成对人之生活的有益补充，而是对人之生活的自然状态的改变。然而，更为恰当的是把霍布斯对于义务思想（即义务由法律而非公民法所施加）的考察与另一种对他的道德理论的解释（对它来说这个问题才是核心）联系起来。

那么，在我们正在考察的这种解释中，**促使**人们进入公民主权者借以被建构和授权的协议的就是他们对毁灭的恐惧，这种恐惧被转化为一种对和平的理性努力；但他们没有义务这样做。他们力求和平的**义务**始于公民法的出现，一种严格意义上的所谓法律，也是唯一要求这种努力的法律。

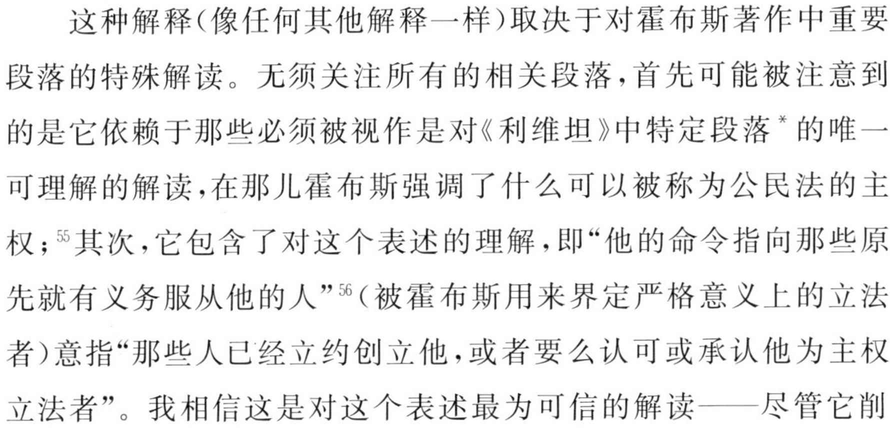

这种解释（像任何其他解释一样）取决于对霍布斯著作中重要段落的特殊解读。无须关注所有的相关段落，首先可能被注意到的是它依赖于那些必须被视作是对《利维坦》中特定段落[*]的唯一可理解的解读，在那儿霍布斯强调了什么可以被称为公民法的主权；[55]其次，它包含了对这个表述的理解，即“他的命令指向那些原先就有义务服从他的人”[56]（被霍布斯用来界定严格意义上的立法者）意指“那些人已经立约创立他，或者要么认可或承认他为主权立法者”。我相信这是对这个表述最为可信的解读——尽管它削 106

* 此处对应的是《利维坦》中第二十六章的相关内容。——译者

55 *L*., p.205.

56 *L*., p.203.

弱了其中所包含的“有义务”一词的含义。[57] 但这个解读并非是毫无问题的，我们应该考虑另一种解读，对它的接受将使这种对霍布斯的道德理论的解释不堪一击。

对这个解释有三种主要的反驳意见。首先（据观察）如果臣民在国家（*civitas*）中的唯一义务就是履行他（通过契约或承认）所授权的那个立法者施加给他的义务，并且如果它仅仅基于这个事实，即它们是真正的义务，因为公民法无疑是严格意义上的法律并适用于国家（*civitas*）中的全体臣民，那么什么制约着他继续遵守那些授权给立法者制定法律的承认或契约？只要它可以与服从法律的义务脱离开来，那他还有义务坚持这种承认吗？如果没有，那霍布斯关于道德义务的描述不就由于缺乏一个与问题相关的答案而悬浮于空中了吗？如果他有这种义务，那么难道就不应有一种施加这种义务的严格意义上的法律而不是公民法？应该承认这是一种难以辩驳的反诘，但在那些我们正在考察的人的眼中，它并不是无法回答的；事实上，有两种可能的回答。首先，可以说在霍布斯那里几乎没有什么（除了一些模糊或模棱两可的内容，比如 *L*.，p. 110）能说明他主张立约（除了是一种审慎的行为之外）也是一种道德义务，而“遵守契约”和“服从法律”是可分别的活动；如果存在着一种服从法律的义务（确实存在着），那么也存在着一种遵守和保障契约的建设性义务。[58] 其次，如果承认存在着“遵守契约”的义务，那就一定有施加这个义务的法律，而它不可能是公民法本身，

57 参见波洛克（Pollock），《政治科学史导论》（*An Introduction to the History of the Science of Politics*），第 65 页。

58 参见 *E.W.*，II，31；*L.*，pp.101，548。

那么，既然基于这个解释，在霍布斯的著作中不存在这种严格意义 107
上的“其他”法律（比如没有法律**不是**基于臣民对统治者的承认），我们就必须得出结论：对霍布斯而言就不存在遵守契约的具体义务。为什么应该有呢？无论是霍布斯的道德理论还是任何其他人的理论都被认为是有缺陷的，因为它没有表明每一种可欲的行为也是一种义务。对霍布斯来说，义务总是（直接地或间接地）力求和平的活动，而力求和平只有当有法律命令它时才**是**一种义务。国家（*civitas*）据以建立的签订和遵守契约（或者承认）是力求和平的活动。但是如果在这一点上，它们有资格成为义务，使它们成为义务却并不是必然的；而如果它们不是义务（由于缺乏命令它们的法律），它们由于那个缘故也并不是不可理解的。对霍布斯来说（根据这个解读），它们是审慎的行为，只要其他人履行它们，这些行为就是理性的和可欲的，或者是无条件的“高贵”行为。当然，对霍布斯来说，违反某人自己的利益而行动（也就是力求一切人反对一切人的战争）确实不可能是义务，但并不能由此得出结论说力求和平必定总是一种义务。简而言之，如果霍布斯被理解为说过有义务服从国家（*civitas*）的法律，因为对于国家（*civitas*）的臣民来说，这种法律是严格意义上的法律，但是并不存在签订和遵守契约或承认（它创设了公民主权者）这样的孤立义务，他不能被理解为说了任何本质上荒谬的东西。他仅仅被认为说过，存在着对于“义务”一词的恰当用法，但是使国家（*civitas*）维系在一起的并不是“义务”（除非比如说是由法律所施加的反对叛国的义务），而要么是由理性所指导的自我利益，要么是高贵，而高贵因太过骄傲而不能估算在服从一位缺乏权力去执行其命令的“主权者”时所包含的

可能损失。[59]

108 第二个反驳意见如下：据说，对于霍布斯来说，理性行为就是力求和平，当它被严格意义上的法律所命令时，这就成为一种义务。进而言之，既然公民法**是**严格意义上的法律且是唯一严格意义上的法律（它的严格性不是由于它是某种其他的、高级的或同样严格的法律的反映，而只是由于它得以被制定、公布以及确定地被解释的方式）并要求它的臣民力求和平，这些就有了“力求和平”的义务（而人们在其他处境下并没有这种义务）。但是（可以反驳说）这并非是对处境的精确描述。即使对霍布斯来说，公民法所要求的也不只是一个人应该“力求和平”，而是他应该履行特定的行为，不做其他的行为；如果他忽视了法律所命令之事或者做了它所禁止之事，那么说“我在力求和平”也不是违法者的借口。然而，对这个反驳的回应是，对霍布斯来说，“力求和平”总是实施特定的行为（而不只是有和平的意图或一种泛泛的和平倾向），有意于某一特定方向就是朝那个方向行动。除了疯子和孩童之外，理性使所有人熟悉一般的行为模式——它被认为能促进人类生活的和平状态，法律的职责就是决定在具体的处境中，什么行为对于和平状态来说是必要的并把它们作为义务来贯彻。[60] 当“力求和平”是一种**义务**时，它总是服从法律的义务，法律总是一系列具体的命令和禁

[59] 在《利维坦》（第548页）的结论中，霍布斯增加了第二十条自然法，即“每个人都受到**自然**的约束，在战争中对于在和平时期保护自己的权威竭力加以保卫。”他解释说，这是因为不以这种方式行事将是自相矛盾的。但是证明自我的一致性并不是证明义务。只有当存在着强加于它的严格意义上的法律时，在这里被认为是自我一致的行为才成为一项义务，而对国家（*civitas*）的成员来说，这种法律必定是公民法。

[60] *L*., p.136.

令。因此，力求和平的义务和履行法律所规定的行为的义务是无法
区分开来的：一个人不能同时“力求和平”和做法律所禁止之事，尽 109
管他可以借助法律并不要求于他的行为如此做——比如通过仁慈。
但是他“力求和平”的义务是服从法律的义务，也就是正义和无罪。

第三个反驳意见是，霍布斯经常被发现谈论“自然法”，就好像他认为它们是严格意义上的法律，并能对所有人施加一种力图和平的“自然义务”，对霍布斯道德理论的任何描述如果忽视了这一点将是不可信的。这一点也是不容易被解决的。诚然，霍布斯一而再地明确声称，自然法根本就不是严格意义上的法律，除非它们显现为一位立法者的命令，他的权威基于契约或承认；缺乏这一点，它们就只是“使人倾向于和平与秩序的品性”，是自然理性的“指令”“结论”或“原理”，这种自然理性向人“建议”那种属于和平状态并因此是国家(*civitas*)的理性的(而非道德的)根基的行为。[61] 但是这些主张是与其他主张结合在一起的，后者能够被解释为意味着自然法本身对所有人(包括统治者)都施加了义务，甚至意味着臣民服从其国家(*civitas*)的法律的义务也来自于他在一个或多个自然法则之下的义务。[62] 然而，既然这种观点——霍布斯相信自然法是严格意义上的法律和所有道德义务的渊源——是关于霍布斯道德理论的第三种重要解释的核心主题，那么最好是在那个关联中来思考对这种解释的反驳力。

(3)第三种解释开始于我们刚刚考察过的解释的同一个

61 *L.*, pp.97,122,205,211,etc; *E.W.*, II,49—50,etc.

62 *L.*, pp.99,110,121,203,258—259,273,363; *E.W.*, II,46,47,190,200.

地方。[63]它承认，对霍布斯来说，所有的道德义务都来自于某种法
110 律：根据这个解释，凡是有真正的法律的地方就有义务；凡是没有法律的地方就没有义务。结果是，如果有一种有效的且普遍可适用的法律要求它的话，那么力求和平可以被显示为所有人的义务。到此为止，我认为在关于霍布斯的思想上不存在严肃的分歧。但现在可以争论的是，不需要进一步的条件，自然法本身在霍布斯看来就是一种有效的、普遍的和始终运作的法律，它把这个义务施加在所有人身上。每一个霍布斯的解释者都承认，霍布斯所谓的自然法与他所称的“和平的便利条件”就其内容而言是一样的，而且它们都是理性对于保存人之生命的“建议”或结论。现在被断言的是，霍布斯也相信它们是严格意义上的法律，亦即它们的制定者是众所周知的，他已经获得了一种在先的命令权利，它们已经被公布并被知晓，有关于它们的确真解释，而那些有义务服从的人有充分的动机如此做。暗示的结论是，力求和平对霍布斯来说是一种由自然法施加在所有人身上的义务，任何更进一步的义务——服从国家（*civitas*）的法律或服从契约的命令——都来自于这个自然的和普遍的义务。[64]

---

63 H·沃伦德（H.Warrender），《霍布斯的政治哲学》（*The Political Philosophy of Hobbes*）；J.M.布朗（J.M.Brown），《政治研究》（*Political Studies*），Vol.I，No.1；Vol.II，No.2。

64 我不打算在此考察关于这个解释的一些版本的更进一步的细微差异，因为不管它们是否可以被表明是霍布斯对于事情之看法的组成部分，都不影响主要的观点。比如这个主张，即国家（*civitas*）是力求和平的义务（已经由某条自然法则所施加）得以“生效”的条件。显然，只有当人们认为，对于霍布斯来说自然法是严格意义上的法律时，这个主张才是令人信服的。我们主要关心的是这个问题：自然法——就其自身而言，而没有环境或人的限制条件——是严格意义上的法律，并能对所有人施加“力求和平”的义务吗？

现在，不可否认的是，在霍布斯的著作中有一些表述和段落看起来有助于让我们相信这是他的观点，但是在我们接受其表面的意思之前，我们必须仔细思考霍布斯是否也持有那些对他 111
来说确定地被包含在这个观点中的信仰。如果我们发现并非如此，那么可以认为这些段落是宜于做其他的解释的，或者我们必须满足于发现在他著作中——不管如何解读——有明显的不一致。

我们最初的探究方向是没有错误的。按霍布斯所说，既然法律所施加的义务并不是由于法律本身，而是由于它的制定者，[65]他就必须不仅作为法律的制定者而众所周知，而且要被人知晓他有权利去发布命令，那我们的第一个探究必定是：霍布斯是否相信自然法有一个为所有人所知晓的制定者？如果是这样，那么他认为这个制定者是谁，并且这个制定者是以何种方式被人知晓是这个法律的创制者？与此同时，我们可以恰当地思考霍布斯的著作就这个制定者创制法律的权利揭示了什么思想。这个我们正在考察的解释抛给我们的回答是，霍布斯确凿无疑地相信自然法有一个所有人都自然地知道的作者，而这个作者就是上帝本身，他的立法权并不是来自他创造了那些应该服从他的命令的人们，而是来自于他的全能。[66] 它声称，自然法是严格意义上的法律；它在所有处

65 *E.W.*, II, 191 sq.

66 这排除了另外两种可能的观点。第一种认为服从自然法是一种义务，因为它自明地是理性的或者因为它自明地是义务性的。我认为在承认自然法是义务性的解读中，没有一种是对霍布斯的可信解读，除非考虑到其制定者的身份。第二种认为自然法基于其制定者的身份是义务性的，但那个制定者不是上帝。对于霍布斯理论的这第三种解读，上帝却是关键的。

境下对所有人都有约束力，因为众所周知它是一个全能上帝的命令。

阻碍我们接受这种解释的第一个困难在于，霍布斯是否认为我们的自然知识包括（或者可能包括）一种关于上帝作为人类行为的强制性法律的作者的知识，这一点必定仍然是极其可疑的（至少
112 可以这么说）。他因此这样推论“上帝”一词：基于我们对那些降临在我们身上的好运和坏运之原因的惯有的无知，神灵首先是作为人类恐惧的投射而出现的，但是“一位无限而全能的上帝”的观念则不是来自于我们的恐惧，而是来自于我们对“自然物体以及它们的不同特性和作用”的好奇；在向后回溯这些原因时，我们不可避免地“到达这一点，即必然存在着一个最初的推动者，也就是说，所有事物的初始的和永恒的原因，这就是人们用上帝之名所想表达的意思”。[67] 因此可以说，我们正是对这个上帝，一个必要的假设，最先拥有关于他的自然知识。关于这个上帝的全能（他作为第一因的“统治”是无可逃避的和绝对的），我们可以说他是“全地之王”，我们可以说大地是他的自然王国，地上的一切是他的自然臣民；但是如果我们确实以这种方式来言说，那我们必须承认，我们只是在隐喻的意义上使用“王”和“王国”等词。[68]

然而，上帝之名也可以在另一种意义上使用，他可以被说成是这些表述的恰当意义上的“王”并拥有自然的王国和自然的臣民：他对那些“相信有一位上帝统治着世界，而且相信他为人类提出了

---

67 *L*., p.83.

68 *L*., pp.90, 314 sq.

诫命，设置了赏罚”[69]的人来说是真正的统治者。但是关于这一点可做两点观察。首先，这些信仰远非自然知识，它局限于（在这个联系中）上帝作为全能的第一因这个必要的假设之中；[70]“神意的”上帝与作为第一因的上帝一样是人类思想的“投射”，但第一因是人类理性的投射，而神意上帝是人类欲望的投射。[71] 其次，既然对 113
于“神意的”上帝的这些信仰被承认并非对所有人来说都是共同的，[72]上帝的自然臣民（比如说那些有义务服从其命令的人们）就只有那些承认了这个关注人类行为的“神意”上帝并期待着他的奖励和恐惧着他的惩罚的人。［在此可顺带指出，这个处境构成了霍布斯倾向于做出的在上帝的自然臣民与通过契约而成为的臣民之间的区别：“上帝之国”这个表述的唯一恰当理解是当它被用来意指“一个为了其公民政府而被建构起来（通过那些将成为其臣民的人的同意）的共同体”[73]。］这个上帝的臣民不得不服从的法律是自

69　*L.*, pp.274, 314.这是一个必要条件，但是（正如我们很快将看到的那样）必要和充分的条件是他们应该不仅“信仰”这个上帝，而且他们应该已经承认他为他们的统治者。

70　根据霍布斯的说法，我们并没有关于上帝之本质或死后生命的自然知识。*L.*, p.113.

71　*L.*, p.525.

72　*L.*, p. 275. 这并不是因为有些人是无神论者。根据霍布斯的说法，“无神论者”是糟糕的推理者，他不能得出关于第一因的假设，并且只是推论性地是一个人，他并不信仰关注人类行为的“神意”上帝。霍布斯在这一方面（即对待无神论者方面）承认对人有不同的分类：那些承认第一因但并不信仰“神意”上帝的人，疯狂而不成熟的人，那些承认第一因且信仰“神意”上帝的人。只有构成这些分类中的最后一类人才受制于自然法。

73　*L.*, p.317, etc.但是 *E.W.*, II, 206 应该被注意到。

然法，[74]他们有义务一直力求和平。其他人确实可能感觉到这个法律的重负，可能发现他们自己因遵守了它的诫命而收获愉悦，或者因没有这样做而感到痛苦，但是他们没有道德义务去服从它，而这个愉悦不是奖励，这个痛苦亦非惩罚。

那么，根据霍布斯的看法，上帝作为施加力求和平义务的法律的作者看起来并不是所有人的统治者，而只是那些承认他担当这个角色并因此知道他是法律作者的人的统治者；而这个承认是一
114 个关乎“信仰”而非自然知识的事。[75] 说霍布斯在任何地方曾说过我们受制于自然法是由于它们是上帝的法律，这种说法是轻率的。他所说的是，如果它们是严格意义上的法律，我们将受制于它们；而只有当它们被知道是由上帝所制定时，它们才是严格意义上的法律。[76] 这意味着，只有对那些知道它们是由上帝所制定的人来说，它们才是严格意义上的法律。谁是这些人？当然不是所有的人，当然只有那些承认上帝是这个法律的制定者的人。那么，说霍布斯认为自然法是严格意义上的法律，并且约束所有人都力求和平这个命题就不能被严肃地坚持，尽管在他的著作中可能会有只言片语（大部分是模糊的）能支持它。[77]

但是更进一步来说，如果甚至连上帝的所谓“自然臣民”也没有关于上帝——作为力求和平这一普遍有效的诫命的作者——的自然知识这一点是显然的，那么同样显然的是，霍布斯不曾允许他

74 *L*., p.276.

75 参见 *L*., p.300。

76 *L*., p.403.

77 比如 *L*., pp.315，363。

们有任何关于上帝作为这种自然法作者的其他知识。他公开地断言，如果他们宣称，他们借助“超自然的感觉”（或“启示”，或“灵感”）而知道上帝是对所有人施加力求和平的义务的法律的作者，那么他们的宣称不应有效；[78]不论一个人可能如何熟悉任何其他“超自然的感觉”，它都不可能使他熟悉某种普遍法或者熟悉作为普遍法之作者的上帝。“预言”也不能提供“自然知识”和“超自然感觉”所无法提供的东西。诚然，通过“信仰”，一个人能知道作为法律的作者的上帝，但是“信仰”能向我们显示的并不是作为对所有人施加义务的“自然法”的作者的上帝，而是作为“实定法”作者的上帝，这种法律只对那些通过间接的契约承认他是他们的统治者并通过他们的同意而授权给他的人施加义务。简言之，只有当力求和平为某种实定法所命令时，它才成为一种义务，这种法律由于拥有一个已知的作者而是严格意义上的法律；而这种法律只对那些知道其作者的人才是有约束力的。

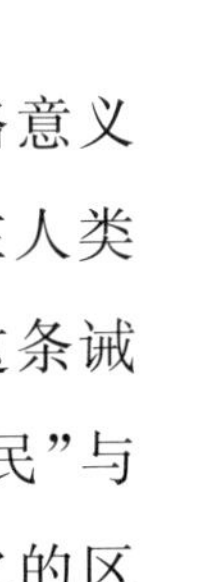

霍布斯是否认为自然法因拥有一个已知的作者而是严格意义上的法律？这个问题本身变成了如下的问题：霍布斯认为在人类中谁因其知道上帝是力求和平的诫命的作者而不得不服从这条诫命？在回答这个问题时，我们发现霍布斯在上帝的“自然臣民”与他的通过契约或承认而成为的臣民之间所做的那个广而告之的区别并非如我们刚开始设想的那样有牢固的基础。上帝唯一的、严格意义上的“王国”是国家（*civitas*），上帝在那里被归为公民法的作者。当我们思考相关的问题，即“上帝依靠什么权威施加这个义

78　*L.*, p.275.

务”时出现了同样的结论。在我们正在考察的对霍布斯著作的这种解读中，上帝对他所谓的“自然臣民”的权威据说是来自于不可抵抗的权力，因此是一种为全体人类制定法律的权威。[79] 但不可能是如此，不管霍布斯在这些段落和其他地方看起来说过什么。全能或不可抵抗的权力是上帝作为“所有事物的初始的和永恒的原因”的特点，但是这个上帝并非是法律制定者或“统治者”，我们已经被提醒，说他是“王”并拥有一个“王国”是在隐喻的意义上说的。作为严格意义上的“统治者”（真实义务的施加者）出现的上帝并不是世界上的每个人和每一事物的“统治者”，而只是那些“承认了他的神意”的人的统治者。正是在他们对他是其统治者的承认中，他被知晓为是严格意义上的法律的作者；这个承认是所有义务得以“产生”的必要“行为”，因为如果没有这个行为的话，统治者依

 116 然是不为人所知的。[80] 那么，并非全能，而是契约或承认是上帝制定这些严格意义上的法律的权威的来源。

现在，除了拥有一个已知的作者之外，自然法如果要成为严格意义上的法律还必须有另外两个特点，即它必须为那些有义务服从它的人所知晓或者说是可知晓的（也就是它必须以某种方式被“颁布”或“宣布”），并且必须有对它的“可靠的解释”。霍布斯认为自然法有这些特点吗？

关于第一点，我们正在考察的这种对霍布斯的解释看起来是没有困难的：它依靠霍布斯的陈述，即自然法是上帝以“自然理性”

---

79 *L.*, pp.90, 276, 315, 474, 551; *E.W.*, II, 209; VI, 170.

80 *L.*, pp.97, 166, 317.

或“正当理性的指令”向其自然臣民公布的；它是以这种方式被人知晓而“无须上帝的其他话语”；关于自然法的充足知识甚至连那些推理能力不是非常强的人也能得到。[81] 但可以询问的是，当“理性”[根据霍布斯的说法，理性是发现给定事件的可能原因或给定行动或运动的可能结果，为的是“使人相信推断（而非事实）的真理”][82]本身既不能提供绝对命令，也不能成为发现绝对命令的工具时，一个人如何能“通过正当理性的指令”而知道力求和平是出自一个恰当权威的命令，并因此对他施加了要服从的义务？上帝如何在“自然理性的指令”中向人类“宣布他的法律”（作为**法律**，而非仅仅作为原理）？对这些探究的回答是清楚的：没有一个持有霍布斯的“理性”本质观的人会认为上帝有可能去做任何这类事。如果上帝不可能这样做，那么这整个有关自然法的观念——自然法是恰当意义上的法律，并对所有人施加义务，因为它是众所周知的并且人们知晓这是上帝的法律——就破产了。确实在某些地方，117
霍布斯鼓励我们相信他认为自然法是自然地被知晓的，是一种为所有人施加了力求和平的义务的严格意义上的法律；他乐于谈论“自然义务”[83]（尽管他拒绝承认“自然正义”这一表述），[84]我们以后应该考察一下他为什么鼓励我们以这种方式思考。但是同样确实的是，根据他自己对“理性”的理解，他可能正当地认为，**作为有关**

81 *L.*, pp.225, 275, 277, 554.

82 *L.*, p.292; *E.W.*, I, 3.

83 *L.*, p.277.

84 *E.W.*, II, vi.

人类保存的一组原理的自然法是以这种方式为全人类所知晓的。[85] 除了这些无疑是对“自然理性”的模棱两可的提及之外，由于缺少来自霍布斯的著作的证据，我们必须认为自然法并不是严格意义上的法律，力求和平的义务并不是自然地为所有人甚至为上帝的所谓“自然臣民”所知晓。已知的是力求和平的义务，当它被承认是由上帝的实定法施加在那些通过间接的契约承认他具有施加这个义务的权威的人身上时，它被他们所知晓是因为它要么是以“预言性”的上帝话语的方式，要么是以国家(*civitas*)的实定法的方式被发布的；而在国家(*civitas*)中，“预言”和主权者的命令是无法区别的，因为公民主权者就是“上帝的预言家”。[86]

118 严格意义上的法律的第三个特点是存在对其意义的“可靠解释”；[87] 自然法显然缺少这个，除非它由一些实定的和承认的权威所提供，比如公民主权者或者由上帝命令并被他的追随者承认的“先知”。[88] 上帝自己不能是自然法的解释者，就如同他不是他的《圣经》中的“话语”的解释者那样。简言之，对霍布斯来说，不存在

---

85 *L*., p. 286. “自然理性”的表述属于一个根深蒂固的对于事物的看法，即它认为“理性”“神圣的火花”可以让人们至少熟悉一些它的道德义务，但是这个对于事物的看法是霍布斯在大多数场合公开地否定的。对霍布斯来说，“我们的自然理性”是“上帝无可置疑的话语”(*L*., p.286)，但它所传达的是有关原因和结果的假设性信息，而非有关义务的绝对信息；在他对“我们的理性”这个表述的运用中甚至有某种不一致——对他而言，“理性”恰当地说是推理的力量，比如得出可证明的结论的推理能力。那么，在霍布斯著作中“正当的理性”这个表述的出现对于细心的读者来说就是提醒他注意并要对歧义性保持怀疑的信号。

86 *L*., p.337.

87 *L*., pp.211 sq., 534；*E.W*., II, 220.

88 *L*., pp.85, 317.

对既是“自然的”或“不受契约约束的”又是“可靠的”自然法的解释者或解释。诚然，“自然理性”或私人的“良知”可能被代表为自然法的解释者，[89]但是它们并不能被认为对自然法作为法律提供了“可靠的”解释。当每个人是他自己的解释者时，这不仅不可能排除激情的偏见（而良知最终仅仅是一个人对他所做或倾向于去做的事情的良好意见），而且如此被解释的法律义务不再是一个力求和平的普遍义务，最多只成为每个人服从他自己的真诚信念（*bona fide*）版的法律义务——这是不够的。一部对处于“它”之下的每个人来说各不相同的法律根本就不是法律，而只是有关立法者（在这个例子中是上帝）希望我们如何行为的意见的集合。[90] 事实上，没有共同的权威宣布和解释它的话就没有法律。[91] 说每个人对上帝负责其解释的真诚性，这也无济于事：这个责任只能适用于一部分人，他们相信一个关注人类行为的神圣上帝。

根据霍布斯的说法，自然法是否具有严格意义上的法律所具 119
有的必要和充分的特点以约束所有人力求和平的义务？或者说（以另一种形式说）力求和平的义务是否是一种约束所有人的“自然的”、不受契约约束的义务？由我们正在考察的对霍布斯著作的这种解释所引发的探究引导我们得出这个观点，即这些问题必须以否定的形式被回答。但是这个探究也表明，也许更相关的问题

89 *L.*, p.249.

90 参见 L., pp.453, 531, 534。比较霍布斯对“作者”和“道德哲学的书籍”作为公民法可靠的解释者的拒绝（*L.*, p.212）。“可靠的”解释必须是单一的和权威性的，没有这种解释就没有已知晓的法律，因此就没有法律和义务。

91 *L.*, p.98.

是霍布斯认为自然法在什么情形下获得这些特点？对谁来说，力求和平不仅是对那些意图存活的人来说的一种理性的行为方式，而且还是一种道德上具有约束力的命令？因为尽管霍布斯说了许多把我们的思想推向另一个方向的话，但对他来说似乎显而易见的是，自然法只有在某些情形下才拥有这些特点，并只对某些人施加了义务。一般而言，在这些情形下，力求和平成了实定法（不管是人为的法还是神圣法）的规则，并且受到约束的人只是那些知道这部法律的作者并承认他拥有制定该法的权威的人。[92] 这似乎对应于我所认为的霍布斯关于道德义务的最深信念，即“加于任何人身上的义务都来自于他自己的行为”。[93] 但是对霍布斯来说，这个
120 原则的真意不在于那个受约束的人的选择创造了义务，而在于没有选择（契约或承认）的地方就没有已知的立法者，因此就没有严格意义上的法律，也没有义务。这个原则在我看来似乎排除了“自然”（亦即不受契约约束的）义务的可能性。必要的“行为”可能是在对一个关心人类行为的“神意”上帝的信仰中对上帝的承认；但是对于那些生活在国家（*civitas*）中的人来说，这是创造并赋予公

92　众所周知，霍布斯区分了两类义务——内部领域（*in foro interno*）和外部领域（*in foro externo*）。沃伦德先生非常仔细而精妙地阐释过这个区分，但是应该承认，它对于我们正在思考的问题——在霍布斯看来，什么是任何种类的义务的必要条件——来说只是补充性的，因此，我并不打算在此深入讨论它。然而，可以指出，沃伦德先生的观点并不令人信服，他说霍布斯认为在自然状态中，自然法总是在内部领域约束人，而在外部领域却并不一直如此（Warrender，p.52；*L*.，p.121）。霍布斯应该被理解为是这样说的：自然法——当它们是严格意义上的法律时——总是在内部领域具有约束力，而在外部领域并不一直如此。把“一直”解释为意指“人类生活的所有处境”，包括自然状态在内，这不是超过了文本的依据吗？

93　*L*.，pp.314，317，403，448.

民主权者以权威的行为，因为对这些人来说没有任何义务不是作为这个主权者的命令而抵达他们的。

也许还有其他更加晦涩的思想要加以考虑，但在我看来可以肯定的是，霍布斯认为不管有什么属于或不属于人类处境的其他状态，国家（*civitas*）毋庸置疑地是这样一种状态，只有在那里才有严格意义上的法律[94]（即公民法），这个法律是唯一严格意义上的法律，而所有臣民的义务是力求和平。对霍布斯的这种解读——在其中，这个契约性义务来自于“自然”义务，后者由一种独立的和永远起作用的自然法先在地施加于所有人身上——忽视了霍布斯很多关于上帝、“理性”、人类知识、“语词的意义”和道德义务之条件的结论，与它没有考虑的内容相比，它所解释的东西几乎微不足道，因此这不能被接受为一种令人满意的描述。除了这些根本的不一致之外，反映在这种解释中的误解的最多根源也许在于：它混淆（霍布斯对此负有责任）了霍布斯就“自然法”作为“关于什么有助于人类的保存和防卫的原理”（即它们可为自然理性所通达，并且它们甚至对智力最平庸的人来说也是毋庸置疑地可理解的）所说的话与作为道德上具有约束力的命令所说的话之间的区别，混 121
淆了理性的教导与法律的命令之间的区别。

5

可以安全地说，对霍布斯道德理论的每一种解释都遗漏了霍

94 *L*., p.443.

布斯并不完美地描述的一些东西。但是在以下两种解释之间做出区别是合理的，尽管很难确定它们的界限在哪里：一种解释只与霍布斯著述中某些孤立的陈述（也许很多而且重复出现）相冲突，另一种解释则与可能被认为是霍布斯的事物观中结构性的原则相冲突。对于在我们面前的几种解释，第一种在我看来是最不可能被接受的，而第二种[义务被认为是根据国家（*civitas*）的法律而力求和平]是最可信的，因为它与我认为的霍布斯哲学的结构性原则冲突最少。然而，必须承认，霍布斯关于由自然法所施加的“自然”义务的陈述（这是第三种解释的核心主题）不应被视作单纯的漫不经心。诚然，它们与霍布斯最珍爱的某些原则不相一致，但它们的数量是如此之多，以至于不能被简单地忽视；事实上，沃伦德先生已经表明，如果把它们从整体中抽离出来，那么它们就能够一起构造出一种相当完整的道德理论。这样，我们所面对的情况（正如我对它所理解的那样）是一系列的哲学著作，那里出现了（并非是并列的，而几乎是无法解离地混合在一起）一种既是原创的又与在其中发现的其他哲学新见相一致的道德义务理论，但那里还有另一种对道德义务的描述，它的词汇和一般的原则都是传统的（尽管在细

122 节方面有独特性）；任何有意于发现其中一种比另一种更有意义的人[95]都会被期待对他认为不那么有意义的理论的存在提供一种更

[95] 作为对霍布斯的著作的解释，为了发现在这两种义务理论中，第一种要比第二种更少地受到反驳，除了那些我已经陈述的其他理由之外，也许还需要考虑如下事实，即霍布斯相信他就道德义务这个主题所写的内容对他的同代人来说会显得极其古怪（比如 *L*., p. 557），而他的理论如果具有沃伦德赋予他的那种特征的话，那他几乎是不可能如此相信的。

可信的解释，以说明它并不仅仅是来自于霍布斯思想的混淆。在有些方面无疑有混淆，但是这两种义务理论的存在不能被看作单纯混淆的例子。

总的来说，我们的问题是：在一项旨在阐释在国家（*civitas*）中生活所包含的义务的基础和特点的事业中，霍布斯为什么会有两种关于道德义务的如此明显不同的（在某些地方是矛盾的）描述呢？具体而言，我们的疑问是描述在他著作中出现的不一致，下面是对其著述的一个简要概述。

（1）他告诉我们，在自然中“每个人对一切事物，甚至对他人的身体都有权利”，这种权利根据他自己的判断管理自己，“做他喜欢的一切”，并以任何他认为便利的方式保存自己。[96] 他告诉我们，在自然中，每个人拥有“自然的”义务去力求和平，这是自然法即全能上帝的命令所施加的。

（2）他告诉我们，“理性”只是有助于使人相信推论（而非事实）的真理，[97]它只处理关于原因和结果的假言命题，它在人类行为中的事务是为达到欲求的目标而建议恰当的手段，基于理性的
东西并不是义务性的；但他也告诉我们，自然法——作为法律而非 123
仅仅关于人之保存的假设性结论——是在“自然理性的指令中”为我们所知的。[98]

（3）他告诉我们，借助于理性，我们可以知晓上帝是道德法的作者；他也告诉我们，通过理性，我们对于上帝作为道德法的作者

---

[96] *L*., p.99.

[97] *L*., p.292, etc.

[98] *L*., p.275, etc.

的不论什么事（或者关于他在来世中的赏罚）都一无所知，但是可能会知道仅作为第一因的上帝。

（4）他说“我们公民服从的义务……先于所有公民法”[99]，并认为那是一种“自然的”和普遍的义务，从中得出了一种不反抗公民主权者的义务；但在其他地方他否定了这种“自然的”义务的普遍性，并具体规定了它所适用的一类人，且使之建立于契约或承认之上。

（5）他声称自然法和《圣经》有各自独立的权威，一个建立在理性上，而另一个则建立在启示上；但在其他地方又告诉我们，作为一个国家（*civitas*）的成员，自然法的权威来自于公民主权者的认可，《圣经》的诫命则是公民主权者所主张的东西。

（6）他用理性的“诫命”一词代替理性的“一般规则”[100]这一表达以描述第一自然法，这个描述最终否定了自然法的时效性与它的理性有任何关联。[101]

（7）他把“自然法”这个表述既用于意指人类理性有关人类自我保存的假设性结论，又用于意指上帝施加于那些信仰神意上帝
124 的人身上的义务以及据说由上帝施加在除了无神论者（?）、精神错乱者和孩子之外的所有人身上的义务。这种说法几乎是承认了他在故意制造混乱。

（8）他说主权者（无条件地）受制于自然法以“保障人民的安全（和福利）”并且必须“向上帝即法律的作者报告，而且只向他而

99　*E.W.*, II, 200.

100　*L.*, p.100.

101　*L.*, p.122.

非其他人报告”；[102]但是据他自己说(除了许多其他的困难之外)，这一点至多只对一个属于信仰神意上帝(这个上帝关注人类的行为)那一类人的主权者来说才是真实的，这类人(在霍布斯的著作中)很难与基督教信徒阶层区分开来。

(9) 他在“上帝的自然王国”与他的“自然臣民”之间做了精心区别，接着却告诉我们“王国”和“臣民”的词汇仅仅是隐喻意义上的表述，缺乏“契约”的“人为性”。

(10) 他区分了以下两者：一是“在外邦人中的那些开国君主和立法者”[103]，他们为了促进公民服从与和平而鼓励其臣民相信公民法具有神圣约束力；二是“上帝本人”据说通过契约建立一个王国的那种处境(正如在古代犹太人中那样)。但他忽视了这个事实，即他就上帝和人类想象所说的一切都把“上帝本人”贴上了“无意义”的标签：上帝“是”他被相信或“被梦想”所是的东西，他“做”他被相信或被“梦想”去做的事。

有些评论者相信他们自己已经令人满意地解决了这些不一致之例中的某些例子，而无须诉诸某种一般性的解释，这些解决中最值得注意的或许是沃伦特先生就《利维坦》第 205 页所做出的。[104]但即使那个也不能被认为是成功的。他在这个段落里发现了自然法理论的归谬法(*reductio ad absurdum*)，他猜测霍布斯不可能意 125
图如此，并拒绝应被视作该段字面意思的那种理解，因为他无法使

[102] *L*., p.258.

[103] *L*., pp.89—90.

[104] Warrender, p.67.(此处提及的是《利维坦》第二十六章中推论第 4 点关于“自然法和公民法互相包容而范围相同”的观点。——译者)

自己相信霍布斯(他当然既断言了它们,又在其他地方否定了它们)会赞成其蕴含。但是不管评论者们在解决霍布斯著作中一些更为表面的不一致时是成功还是失败,依然有一种核心的不一致不受这种处理方法的影响,这也激发我们去寻求一种更可信的一般性解释,而不是把它归咎于天生的心智混淆、粗心的推理和夸张的癖好。

霍布斯关于公民服从的著作(尤其是《利维坦》)可以被认为具有双重目的。看起来他的计划既是展示一种与他的总的哲学宗旨以及与他对于人性的解读相一致的义务理论;也是向他的同代人显示他们的公民义务在哪里,并且为什么它们在那里,以便克服通行的思想、行为的混乱和无政府倾向。[105] 这些事业中的第一个是逻辑上的训练,它恰当地体现在霍布斯自己创造的词汇中。另一方面,第二个事业则不可能成功,除非它被纳入通行政治理论的习语和词汇框架之中,并因此而呈现为一种其新颖性(如果有的话)被关于道德行为的流行偏见所吸收的理论。结果表明,这两种事业(在一个更传统的作家那里可能会协调一致,而不会有如此显著的不一致)彼此冲突,但不是在一些较次要的问题上,而是在事关
126 核心的问题上。更早一代的胡克已经发现,通过对通行的自然法

105　如果我们在一种描述(它描述那些被宣称具有道德义务性的倾向和行为)与一种理论(它旨在展示那些被认为是义务性的无论什么行为之所以如此的理由)之间进行区分,那么就可以看到:首先,就霍布斯正在建言的新义务而言(他并不乐意建言这些义务,*E.W.*,II,xxii),它们并非是他自己的发明,而是内在于一个现代国家正在出现的处境中的义务,在那里统治被认为是主权者的活动;其次,霍布斯所从事的两项事业(基于对他的这种解读)并非特别地就被承认的义务而言,而是就它们缘何是义务的原因而言是冲突的。

理论做出一些调整就可以阐释一种公民服从的理论，这非常类似于霍布斯的更为传统的理论，而霍布斯也可能被解读为（在他所流露出的某种情绪中）正在尝试同一类的事业，尽管他的调整更为激进，且没有回避出现的冲突。但是对这种传统自然法理论的任何可设想的调整都不可能形成一种与他的总的哲学甚至有微弱兼容性的公民义务的描述。简言之，如果我们不得不在两种解释之间做出选择，一种是基于单纯的混乱对霍布斯著作中更为重要的不一致性做出解释，而另一种则从人为造成的模棱两可出发进行解释，那么我认为可能在于后者。

如果我们勉强接受这样一种承认霍布斯有两套学说——一套针对启蒙者，他们的大脑足够强大，能够抵挡由他的怀疑所引发的晕眩；另一套针对普通人，必须用他们熟悉的习语和词汇对他们言说，那些对他们来说是新颖的东西（关于各种义务及其基础）必须变得像是寻常的——的解释，我们并不是正在把一种独特的和迄今为止闻所未闻的特点归到《利维坦》之上。众多论述过这些主题的作家（比如柏拉图、马基雅维利，甚至边沁）都是这样一些作品的作者，它们无法完全彼此区分地同时包含着一套隐秘的学说和一套开放的学说；像这样事关宏旨的问题（当然，一般而言是政治问题）是只能与启蒙者坦率而直接地讨论的“奥秘”——这种观点可以追溯到政治思想的开端，它在17世纪绝没有消亡。

我并不认为这种有关霍布斯的义务思想的描述会得到所有人的认同，就事情的本质而言，它也是不可能被证明为真的。但在我看来，在霍布斯著作中的这些不一致可能适合于要求这样一种一般性的解释。

6

127 我们对霍布斯的研究已经形成了一些结论，绝大多数读者将发现它们无可避免。看起来显而易见的是，他相信人类的理性倾向可被视同为一种寻求和平的努力。和平意味着承认所有他人与我们平等、遵守我们的诺言、不表示轻视和厌恶、不力求凌驾于所有他人以便享受被视为独占鳌头的欢乐。这种生活方式是理性所推荐的，它也建议了借以实现并维持这种生活方式的手段：这就是国家(*civitas*)。实现国家的奖励就是免除对暴戾而可耻地死于他人之手的持续不断的恐惧。迄今为止，力求和平的充分原因或动机都在于对可耻死亡的恐惧：恐惧激发理性，理性则揭示了该做些什么以避免那些产生恐惧的处境。

我们做了更进一步的考察，以发现霍布斯是否说了什么以支持他的观点，即这个努力事实上不仅是理性的，而且是正义的——也就是在道德上是义务性的。在此，我们已经看到，首先，霍布斯当然能够区分人类行为的充分原因和在为其辩护时所可能提供的理由。更进一步来说，我们已经看到被霍布斯认为是充分的理由种类，也就是说，一种要求这种努力的严格意义上的法律。除此之外，存在着一个难以描绘的领域。一个探索者所能做到的最好的就是决定哪些是他认为最重要的特点，并给出他偏爱这些而非其他的理由。这就是我所做的。但依然还有某种有待说明的东西。

我们已经看到霍布斯所要捍卫的道德是驯服之人的道德。同样真实的是，对于心灵的生命活动来说，最大的刺激是因持续不断

地被承认为高人一等而产生的欢欣。但是这种最大的善必须被放 128
弃:骄傲——即使它没有堕落为虚荣——是一种过于危险的激情而不被允许,即使对它的压制让生命的光彩稍显暗淡。

但是在霍布斯的著作中还有另一条论证的路线,它没有被广泛地讨论,但足以把我们的思想推到另一个方向。在这个思路中,正当的倾向依然被承认为力求和平,所寻求的依然是免于对暴戾而可耻地死于他人之手的恐惧,但是所欲求状态的获得却不是通过骄傲之人被恐惧唤醒,放弃他的骄傲而成为(通过契约)驯服之人,而是通过对骄傲本身的道德化。这如何发生呢?

让我们设想一个具有如此特点的人,这个人——霍布斯认为所有人都是这样的——不可避免地是他自己最好的朋友,并(由于他的弱点)处于发现自己被侮辱、羞辱甚至杀死的恐惧中。但也让我们假设这个人的突出激情依然是骄傲而非恐惧。他是这样的人,他发现接受单纯活着的卑微处境是比因承认失败而遭受的耻辱更大的羞耻;一个倾向于通过他自己的勇气而不是通过理性(也就是通过寻找一种人类外部处境的安全条件)来克服恐惧的人;一个不怎么完美并且对此也不自欺的人,但他足够骄傲,得以摆脱对其不完美的哀伤和对其成就的幻想;他不完全是英雄,他对此过于随意,但也许他带有一丝漫不经心的英雄气。简言之,他是一个(用蒙田的话来说)“知道如何属于他自己的人”,如果幸运如此眷顾的话,他将无愧于这样的墓志铭:

由于高尚
我丧失了生命。

(Par délicatesse

J'ai Perdu ma vie.)

现在,这样一个人不会缺少对其心灵的生命活动的刺激,但他
129 处于高度的自我运动中。他的努力是寻求和平;如果他所享受的和平主要是他自己的独立成就,并且保护他免受那些可能降临在他身上的小小意外,那么它对于不同类的其他人的和平来说无论如何也不是不友好的。他的行为中没有什么是有敌意的,在其中没有什么会引起敌意,没有吹毛求疵的事。他为自己获得的东西以及他对共同生活做出的贡献完全不同于其他人可能通过合约——由恐惧所激发并由理性所支使——所取得的东西;因为,如果每一个人不可避免的努力是自我保存,如果自我保存被解释(如霍布斯解释它的那样)为不是免于死亡,而是免于对可耻死亡的恐惧,那么这个人就以一种方式(通过勇气)获得了其他人可能通过另一种方式(通过理性的计算)获得的东西。不同于其他人,他不仅避免做出伤害,而且能够漠然地对待从别人那里遭受的伤害。简言之,尽管这个人一眼看上去更像沃弗纳尔格的强健心灵(*âme forte*),而不是我们可能期待在霍布斯那里所能找到的任何人,但在其中也没有什么与霍布斯的心理学相冲突,后者实际上把人们之间的区别认定为他们的主要激情的区别,并能容纳这个把骄傲看得比恐惧更重要的人。

事实上,这是一个实际出现在霍布斯著作中,并在那儿被承认为正义者的人物。他说:"赋予人的行动以正义色彩的是一种(罕见的)高贵品质或侠义的勇敢精神,在这种精神下,人们耻于让他

人看到自己为了生活的满足而进行欺诈或背信。这种品行的正义就是在以正义为德的地方所指的那种正义。”[106]他承认，一个人可能遵守诺言，这不仅仅是因为他害怕违约的后果，而且也出于“看起来无须食言所感到的光荣或骄傲”。[107] 他把豪迈等同于出自对 130
不义的“轻视”的正义行为，并承认人们有时宁愿失去生命也不愿遭受某种耻辱。[108] 而唯一妨碍我们承认这一点是真实的霍布斯式人物的是如下这个一般性的主张，即霍布斯总是在贬义上使用“骄傲”一词。[109]

但这个主张其实太笼统了。诚然，霍布斯有时在贬义上使用“骄傲”一词，以表明三种激情之一在导致冲突上的突出作用；[110]但是他也把它等同于慷慨、勇敢、高贵、大度和对荣誉的追求，[111]而且他将它与“虚荣”区别开来，后者始终是一种恶行，因为它涉及幻想和冲突，而没有福祉的可能性。[112] 简言之，霍布斯认识到这个词总是包含的双重意义。他从奥古斯丁的道德和政治神学传统中采用了“骄傲”的概念。在该传统中，骄傲是想要成为像上帝那样的激情。但人们承认，这要么是力图把自己放在上帝的位置上，要么是力图模仿上帝。前者是一种不真实的傲慢，在其中，一种相信自己全能的邪恶自爱不仅是每一种激情的根柢，而且是唯一起作用的

106 *L*., p.114.

107 *L*., pp.108; cf.229.

108 *E.W*., II, 38.

109 Strauss, p.25.

110 *L*., pp.57, 128, 246.

111 *L*., p.96.

112 *L*., pp.44, 77.

动机，而行为则把自己强加在人和物的世界上。与每一个其他道德学家一样，霍布斯也承认有一种恶行和一种对人类处境之和平状态的绝对障碍：它就是招致一种毁灭性惩罚的骄傲，赫拉克利特(Heraclitus)曾经说过更应该熄灭的是这种骄傲而不是火。但正如邓斯·司各脱(Duns Scotus)所说，没有恶行，而只有美德的阴影；在第二种类似上帝的举止中，自爱看起来像是自知和自尊，对
131 凌驾于他人之上的权力的幻想被自我控制的现实所取代，而来自于勇敢的刀枪不入的荣耀产生了宽容与和平。这就是骄傲的美德，它的谱系可以追溯至林泽女仙许玻利斯(Hybris)，宙斯(Zeus)说她是潘神(Pan)之母；骄傲反映在亚里士多德所说的大度(*megalopsychos*)中，在较低的层次上，它也反映在斯多葛派的智者中；傲慢(*sancta superbia*)在中世纪的道德神学中有其一席之地；霍布斯认为它是对由恐惧和理性所建议的方式——保存自己的本性，并使自己从对可耻死亡的恐惧和由这种恐惧所引发的冲突中摆脱出来——的一种替代。

这个正义者角色的典型风格在与霍布斯具有同样的一般倾向的其他道德学家那里并非没有其相当的人物。斯宾诺莎在思考与霍布斯同样的问题时，指出有两种避免人类本性的竞争性倾向而进入和平的选择：其中一种是由恐惧和审慎的远见所产生，它导致了国家(*civitas*)的法律和秩序；另一种则是由心灵对人类生活环境的支配力所提供的解脱。同样地以自我为中心的休谟在把骄傲和谦卑(与霍布斯一样，他把谦卑等同于恐惧)[113]当作简单的激情

113 *Elements*, I, ix, 2.

时，承认两者是美德的孕育者，但“自尊”是那些“闪光的美德”——勇敢、无畏、豪迈和力求某种荣耀——的孕育者，在其中“死亡失去了其可怖”，而人的生活则消除了纷争。但是休谟发现骄傲作为正义行为的动机这种价值不仅仅在于其“令人愉悦”（把它等同于快乐，而谦卑则等同于沮丧），而且还在于其超级的“有用性”，[114]我们不得不问自己有关霍布斯的问题，为什么他没有更进一步继续这一论证路线？为什么他否定了骄傲的用处，并最终得出结论说“需要对付的激情是恐惧”？

对于这个问题，霍布斯自己提供了一个清晰的答案，一个比斯 132
宾诺莎的回答更未被充分讨论的答案，但原则是一样的：这并不是由于骄傲没能成功地为力求和平提供一个充分的动机，而是因为高贵人物的缺乏。他说：“这是一种极其少见而不能作为依据的慷慨之感，在追求财富、统治权和肉欲之乐的人中尤其罕见，偏偏这种人却占人类的绝大部分。”[115]简言之，霍布斯认为人们缺乏的是激情而不是理性，并且首先缺乏的就是这种激情。凡是在它存在的地方，它就被承认为能够产生一种寻求和平的努力，这比其他任何东西都更为坚实，因此[即使在国家（*civitas*）中，在那里，正义是安全的]它是正义行为最可靠的动机。确实，这几乎就是霍布斯的观点，即具有这种性格的人是国家（*civitas*）的必要原因；当纷争剥夺了主权者的权力时，无疑也只有他们——有充足的动机如此做——可资依赖以保卫国家。他在西德尼·戈多尔芬（Sidney

114　《人性论》（*Treatise*），II，i 和 iii；《研究》（*Enquiries*），§ 263；《文集》（*Essays*），xvi；斯多亚派（The Stoic）。

115　*L*.，p.108.

Godolphin)那里看到了这种人的标记。[116] 然而,即使是在这里,霍布斯也表现出他的倾向,即他更感兴趣的是正义行为的原因或动机,而不是相信我们有义务去力求和平的理由:“骄傲”并不提供一种理由,它只是一种可能的其他原因。

也许,要做进一步的观察。对可耻死亡的恐惧,激发理性去建议可行的和平条款以及使它们得以成为人类生活框架的品行,这产生了驯服之人的道德,这种人选择了安全,而且为了使他正义地行事,不需要高贵、慷慨、大度或对荣誉的追求。由于这是霍布斯的观点,他已经被承认是所谓的“布尔乔亚”(bourgeois)道德的哲
133 学家。但这是一种似乎暗示并指向某种“共同善”概念的道德生活的风格,尽管霍布斯对人性做了个人主义的解读。它似乎建议把某一单独被认可的人类处境状态视作人的全部状态,而道德则是这种状态借以被达成和维持的技艺。但有一些值得注意的限制使我们倾向于肯定如下的观点:霍布斯(与康德和其他人一样)在很大程度上是一个个体性道德的哲学家。首先,他主要关注的是服从公民法的动机;他关心的与其说是一个人本来会如何安排他的生活,不如说是这种生活的最低条件,它使寻求和平的努力甚至能成为那些最坏禀性的人的行为类型。这些最低条件是,对狮子和公牛应该有一部**法律**,而且这两者都应该知道它,并有足够的动机服从它。这一点也许暗示了产生“共同善”道德的倾向,但它本身却并不包含它:一部法律并不包含一个目的。其次,霍布斯还有着另外一种情绪,在其中,骄傲和自尊被承认为为力求和平提供了充

116 《利维坦》(*L.*),献词(Dedication),第548页;《传记》(*Vita*,1681),第240页。

分的动机，而在这种情绪中他无疑是一个个体性道德的哲学家。这种道德的风格是“贵族的”；在他的著作中发现它既非不恰当也不出人意料，他（尽管他感到在为这些其主要欲望是“成功”的人写作时受到限制）自己把人类理解为更关注荣誉而非生存或繁荣的造物。

附录

霍布斯相信一个国家（*civitas*）借以可能被“促成”或被想象出现的确切方式构成了本论文主题的一个方面，但这是一个有趣的
主题，如果不是由于它的困难，它本来会更加吸引人，我打算在此 134
简单地思考它。[117]

霍布斯的立场是，除非人们做点什么以改变他的自然状态，否则没有人在面对其同伴自然的“贪婪、肉欲、愤怒或诸如此类的问题”时会是安全的，（因而）除了一种令人沮丧和充满冲突的、卑污而粗野的存在外，没有什么更好的期待。即使在这种自然状态中，人们（确实）能够彼此签订合同、协议、契约等，但是这些非但没有实质性地改变不安全的状态，反而本身就携带着这种不安全性。这对于相互信任的契约来说尤其如此。因为在这些契约中，立约的一方必须首先履行他的协议部分，但这样做的人有被欺骗的风险；确实，第二履约方不信守诺言（并不必定是由于如此做于他不

117　在接下来的论述中，我有幸得到了 J.M.布朗先生给予我的友好建议，但他决不应为它可能包含的错误负责。

利，也是由于“贪婪”和“野心”倾向于压过理性）的风险必定总是如此之大，足以使任何人同意成为第一履约方是不理性的。因此，在这些处境中尽管契约可能被签订和执行，甚至是相互信任的契约，但它们总是包含着一种没有任何理性的人会接受的风险，它们并没有给一切人反对一切人的战争带来广泛的或可靠的改变。

然而，如果存在着一种被所有人都承认的“共同权力”，拥有迫使人们遵守契约的权威，那么这种处境就会被改变。霍布斯的问题是：这种“共同权力”可以如何来想象其被“促成”，并且它必须有什么样的特点？

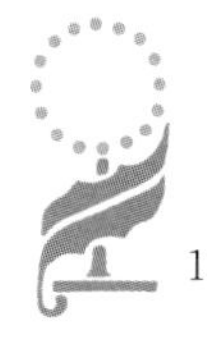

他告诉我们，这样一种“共同权力”可能被建立的唯一方式是，每个人与每一个其他人签订契约，以转让他管理自己和保存其本
135 性的自然**权利**，并交出他保障自己欲望之实现的自然权力（正如它所是的那样），授予一个人或一群人，并“承认授权于如此承当其本身人格的人在有关公共和平和安全方面所采取的任何行为或命令他人做出的行为，在这种行为中，大家都把自己的意志服从于他的意志，把自己的判断服从于他的判断”。

现在暂时接受这个结论，即那些使自己处于这个处境中的人将享有他们追求去享有的东西，即和平，我们需要考虑的是和平得以达到的这个过程的可理解性。某些困难出现了。霍布斯所谓的相互信任的契约——公共权力据称是借此才被建立的——是人们在自然状态中做出的，故而（除非我们被给予一些令人信服的理由以另作他想）无法被认为能使人免除那些顾虑，即所有这些信约对于先履约方来说是不理性的冒险事业，因此无法为理性的人所信赖。诚然，它的条款与任何其他互信契约的条款不同，但是它的条款(也就是说,那被允诺的东西)如何能把一种对先履约者来说是非理性冒险的契约转变成一种其风险(如何有任何风险的话)不再是非理性的契约呢?而且诚然,它是一个有很多人作为当事方的契约(并非所有其他的信约都是如此);但是,既然没有理由认为一个普通的互信契约为什么不应该是这种(有风险的契约),而且如果它确实是这样的,那么也没有理由认为,怀疑参与者一方至少有一些人不履约就是不太合理的,这个契约的多方性特点并没有使它看起来更有利。此外,霍布斯的话经常似乎是说,单纯地加入这个契约,单纯地"签署"它(可以说)就产生了"共同权力",但很难理解这一点是如何达成的。

但是如果我们再次回到霍布斯所写的内容,我们也许会发现他所说的东西避免了这些困难。我认为如果我们像下面这样解释他的话就会如此: 136

只有当有一个贯彻和平并强迫人们遵守契约的主权者时,才会有"和平"和一种使契约持久长存的状态。为了履行他的职责,主权者必须有权威(也就是权利),他也必须有权力。可以设想,他能获得权威的唯一方式就是借助这种已经描述过的契约,而且为了获得权威仅只需要这种契约。因此,这样一种契约(或者类似于它的东西)就可以被认为是国家(*civitas*)的必要"原因"。此外,就像它是产生主权者所需的权力的手段那样,它也可能被承认为在经验上是必需的,因为很难想象众多的个体事实上会在行动和服从的倾向中承认他的权威,除非他们已经立约要如此做,这些行为和倾向才构成他的权力。然而,契约本身并不是国家(*civitas*)的充分原因;它赋予权威,但它仅仅承诺权力。主权者的权力只是其

臣民的服从倾向的对应物，所以一个拥有所需的权威和权力以建立“和平”状态的主权者的必要和充分原因是：这种契约与一种足够广泛的服从其条款的倾向（以公开的行为表现出来）结合在一起；结果，我们被促使着到霍布斯的描述中去寻找某些观点，它们将使我们相信，期待这种契约——不同于在自然状态中签订的其他契约——会被遵守是合理的。因为，也许不无悖论色彩，建立和平并强迫人们遵守契约所必需的权力现在似乎并不是通过订立契约而是在遵守它的过程中，也就是在服从的倾向和行为中产生的。简言之，我们已经相信，在自然状态中，作为一个普通的互信契约
137 的先履约者必然总是不理性的，而霍布斯现在要向我们证明的是，对于任何人来说在这种互信契约中成为先履约者并不是非理性的。立即可以看到的是，这种事务状态的达成不可能源于存在着一种可以强迫那些后履约方遵守其诺言的权力，因为我们正在寻找的就是对这样一种权力如何能被“建立”的合理解释。

现在在这个问题上，霍布斯似乎已经使他的立场愈发可靠了。他着手向我们表明：首先，在这种契约中成为先履约者是合理的，即使对另一方立约者将会遵守其诺言这一点没有合理的期待；此外，事实上存在着一个合理的期待，即有大量的立约方将会遵守他们的诺言，而在这个契约的例子中（不同于普通的契约），这就足以使成为先履约者不再不合理了。

首先，这个契约的一方无疑承担了一些风险，如果他服从一个不能强迫其他方服从的主权权威，并且如果他对他们也将服从这一点没有合理的期待。然而，这并不是一种不理性的风险，因为相较于他将获得的东西，他所准备失去的东西是微不足道的；而且因

为事实上,除非某人是这个契约中的先履约者,否则对和平来说必要的“共同权力”将永远不会存在。[118] 这是一个令人信服的论证。它看到了在授权主权权威的运用的契约和其他互信契约之间的一个关键差别,它指出了这一点在涉及作为此种契约中的先履约者的合理性时的内涵;但是大多数霍布斯的读者要寻找能强化它的东西。至少在不与他所写的内容相冲突的情况下,这一点可能在下面的思考中被找到。

在承认主权者的权威并因此赋予其权力的契约与任何其他的 138
互信契约之间的重要差别之一就是它能被有效地履行,即使所有契约方没有如他们所承诺的那样去做。在双方之间的一个普通互信契约中,除非另一方在他的时间到来时信守诺言,否则先履约者也不会给出报偿。确实,在一个普通互信契约(一方涉及的是商品和服务)中也会有很多的参与者;除非所有的参与者都履约,否则先履约者和每一个其他的履约者就都被剥夺了某种重要的东西。但是在这个多人服从主权权威的契约中,先履约者和每一个其他愿意的履约者并没有损失什么,即使不是所有人都履约,而只有一些人如此做——只要那些如此做的人在数量上足以产生必要的权力以强迫那些不愿意服从的人们。期待野心和贪婪不会妨碍这个契约的任何一方遵守其服从的承诺,这可能是不合理的,而期待足够多的人将免受这种妨碍的干扰则并非不合理。因此,在这个契约中有着一种使之区别于其他契约并成为先履约者并非不合理的

118 对于国家(*civitas*)的产生来说,也许有必要设想一个人,他并不“理性”,却又骄傲地不在乎成为和平第一人的后果;如果是这样,那么这个假设在霍布斯那里就有一定的权威。

特点，这个契约的每一方都潜在地是一个先履约者。但是，既然所有理性的人所追求的东西以及在这个契约中先履约者所依赖的东西是持久的和平状态，这个立场也许更好地被理解为成为先履约者并继续履约并不是不合理的，因为如下期待并非不合理，即足够多的其他契约方本身将在足够长的时间里自愿地履约，以便在主权者那里产生足够的权力去强制那些在特定场合可能不打算服从的人。因为成为先履约者的合理性并不取决于他有如下的合理期待，即会有一个持久的特定群体总是倾向于回报他对他们的信任；只要他对在任何特定的时间里都将有足够多的人倾向于如此做抱
139 有合理的期待，这就够了。贪婪、野心诸如此类的云彩掠过天空，而它们的阴影时而降临在这个人身上，时而降临在那个人身上；没有哪个人能被信赖在任何时候和任何场合都遵守信约。但这是不必要的；如果有足够多的人在任何场合都能被合理地信赖并通过他们乐意的服从以授予主权者足够的权力，从而威慑那些在某些场合不打算服从的人们服从，这就够了。

那么，这个观点似乎可以简要地归结如下：自然理性警告我们不要成为所有普通的互信契约中的先履约者；它也告诉我们寻求和平是符合我们的利益的，它建议和平可能会出现的方式。和平的必要条件是一个既有权威又有权力的主权者。这个主权者的权威只能来自每一个人和每一个其他人的互信契约，在其中，他们把他们管理自己的自然权利转让给他，并在那些有关公共和平与安全的事务中承认和服从他的命令，就好像那是他们自己的命令。但是这个主权者贯彻其命令的权力只来自于那些因此而立约服从的人的实际服从。必须要在某个时候开始，而且它必须被表明是

个合理的开端。在足够理性地订立契约后，期待在任何时候都有足够多的人会足够理性地（亦即足以使他们从贪婪和野心以及类似的东西中摆脱出来，从而认识到他们的利益之所在）倾向于遵守它，难道这不理性吗？如果是这样的话，任何人成为先履约者就不再是一个不合理的风险。这个契约的每一方都潜在地是先履约者。“这是伟大的利维坦的产生……我们在永恒的上帝之下将我们的和平和防卫归于它。”

然而，必须承认的是，这个描述并不表明在这个设立主权权威的契约中成为先履约者毋庸置疑是理性的（或者甚至如此做毋庸置疑不是非理性的），而只是表明在此所蕴含的风险远较普通互信 140
契约中所蕴含的风险更加理性（或更少非理性）。既然（正如我所理解的那样）霍布斯正在寻求的是一种合理性的证明，而不仅仅是超级合理性的可能性，我必须怀疑这个描述要么是错误的，要么是不完整的。假定有对在这个契约中作为先履约者被欺骗的后果毫不在意的人（比如像霍布斯所理解的西德尼·戈多尔芬那样），一个“骄傲”而非“理性”的人，至于这种假定在何种程度上提供了正好缺失的东西，读者须自己决定。

1960 年

141 三、列奥·施特劳斯博士论霍布斯

近几年，托马斯·霍布斯的著作所获得的新的关注值得注意。首先，因为这不能被归结为西欧政治局势的当下状态，而是出于对这样一个人的著作的新近的学术兴趣：他的政治哲学独立于他的政治意见且远比他的政治意见重要；对霍布斯的这种重新考察不是寻找信条的政客或者寻求借口的宣传人员的工作，而是历史学家和哲学家的工作。其次，之所以值得注意是因为它已经为重新解释这些著作奠定了基础，相较于重构那种迄今已被接受的解释而言，这个新解释无与伦比地显示了更深刻的洞见和更丰富的知识。沃恩（Vaughan）曾说：“就政治思想的关键发展而言，《利维坦》依然是且注定是没有影响也没有结果的；一个怪诞的混杂物，不能广为流传。”对于不觉得这个观点是愚蠢之见的一代人来说，宣告“霍布斯政治哲学的划时代意义”，判定“所有后来的道德和政治思想都公开地或默认地建立在”霍布斯与传统的断裂之上，认为（简言之）霍布斯的话——“公民哲学并不比我的著作《论公民》更古老”——大致而言没有什么错误，这些可能一开始就是令人震惊的。

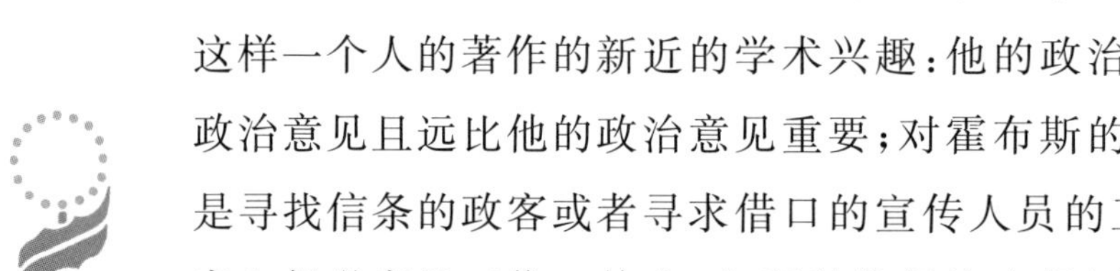

142 的。但这无疑是对霍布斯作品的新近研究所要引导前进的方向。即使最终有必要对这个革命性结论做某种修正，那些应对此建言负责的人至少已经打破了一个完全误导人的传统，并为我们提供

了材料和机会以对霍布斯的著作做出比迄今为止所可能的要远更合理的评估。仍有许多事要做，但成就已经不凡。

对霍布斯哲学的这种重新解释当然不是某一单个作家的专属物，很多人都参与了其中。但我们可以放心地说，列奥·施特劳斯博士的作品具有首要的重要性。他最早带来的是1932年发表在《哲学研究》上（*Recherches Philosophiques*）的一篇题为“关于霍布斯政治科学的几点评论”（Quelques Remarques sur la Science Politique de Hobbes）的文章，除了提供大量的信息和建设性的观点外，他清晰地厘定了霍布斯在自由主义历史中的真实地位。而他新近出版的有关霍布斯政治哲学的基础和起源的著作[1]则表明他在该领域中是一个我们可以放心地追随且不无收获的领袖，尽管也要保持某种警惕（正如我们在那些问题上应该追随所有领袖那样）。在这篇文章里，我打算用心（尽管达不到它所应得的彻底缜密）考察他的著作，因为我认为它是多年来所出现的最具原创性的关于霍布斯的著作。在进一步展开之前，为免我将要说的话可能被带向不同的观点，我必须先立即表达我的钦佩：对书的整体，对它得以构成的那种细致的学术功夫，对其论证的极度细腻，对其阐释的精彩。它具有一种罕见的品质，能呈现一个原创的观点并以明显具有定论性的论证来支撑它，同时引发思考和批判；甚至在那些看起来巧思胜过合理的部分，它的巧思也是启迪人的，而绝不会误导人。对一个有那么多的新东西要提出的人来说，施特劳斯 143

1 列奥·施特劳斯（Leo Strauss），《霍布斯的政治哲学：它的基础和起源》（*The Political Philosophy of Hobbes: Its Basis and Its Genesis*），由艾尔莎·辛克莱（Elsa M.Sinclair）硕士、博士从德文版翻译过来（Oxford，1936）。

博士保持了一种令人赞赏的比例感，只是为了证明他的主题或者给予他所偏爱的猜想以不恰当的重要性，他才偶尔超出其素材的合理范围。如果这本书有个缺点的话，那么就在于它所呈现的那种盖棺论定性。作者有时过于纠缠于细节，但这只是出于他写作时的那种热情和确信。但是总的来说，没有什么能超越论证过程中的细致和认真，也几乎不可能使它变得比现在这样更简短了。另外，值得指出的是，施特劳斯博士极其幸运，碰到了他的译者。

在面对这本书时，没有必要考虑如下问题（哲学文本的许多评论者都很好地思考过这个问题），即对于一个哲学文本能说些什么有用而贴切的话呢？因为施特劳斯博士在这件事上的品位毫无瑕疵。他的论证极其缜密，尽管有些复杂；他一点也没有那种偏离当下的主题，却在不相干的问题上好为人师的缺陷。我们得以避免对所有那些早已被想过和说过的东西做冗长而无聊的评述，而许多作者似乎认为这对于他们介绍自己的贡献是必不可少的。这本书是为那些已经对霍布斯有所了解、已经熟悉他的著作的人写的，它远不是那些可用来替代对他们的主题做第一手研究的手册。

施特劳斯博士给自己设定的任务是为三个主要论点和一个次要论点做辩护。就我对他的理解而言，他想要论证：

(i) 霍布斯的政治哲学显示了与“传统”（比如亚里士多德，经院哲学，自然法）的完全断裂，并不是因为它的科学特点，而是因为它所体现的“道德态度”。

144 (ii) 霍布斯政治哲学的真实的和原初的根基是一种“新的道德态度”。霍布斯在对该哲学的所有后来阐述中所运用的“科学”论证方法是一种后来的添加物，它模糊了真实的根基，且事实上对它来说至少是不必要的(如果不是与之相冲突的话)。霍布斯的政治哲学(不同于斯宾诺莎)并不是自然主义的哲学。

(iii) 霍布斯的哲学发展可以被划分为三个阶段,它们不仅仅是他的人生诸阶段,也是他在寻找一种适切的政治哲学的过程中相继的几个阶段:

(a) 早期教育:亚里士多德,经院哲学,牛津。

(b) 人文主义阶段(1608—约 1630):特点是对文学的兴趣、对历史(尤其是修昔底德)的研究,以及短暂地接受政治哲学的"传统规范"。

(c) 后来的哲学阶段(1630—1679),这始于他对"欧几里得的《几何原理》的发现",其特点是在一种"新的道德态度"和现代科学的方法的影响下构建他的哲学体系:欧几里得和伽利略。

(iv) 所有后来的道德和政治思想都是或明或暗地建立在霍布斯所成就的与"传统"的断裂之上;它用自然权利代替自然法作为对公民制度的哲学解释的出发点,并达成了一种标志着所有现代政治理论之特点(以区别于古代和中世纪)的主权理论。

随即就会看到,施特劳斯博士想要证明的部分内容确实开辟了新的领域,而另有部分内容则在某种程度上是为人熟悉的,尽管它在此前也许从未被人如此自信地论证过。还会看到的是,这些观点彼此间的联系足够紧密,以至于施特劳斯博士或他的批评者都不可能孤立地处理它们。它们并不是严格地共同成立或不成立的,但它们在施特劳斯博士的思想中是作为单一的整体交织在一起的,而且它们只能以那种方式被有益地思考。然而,仍有机会进行分析,以便让人更乐意认同或接受其著作的某些部分而不是其 145

他部分。让我们先弄清施特劳斯博士想要证明什么，因为这是一系列复杂的观点，不可能被公正地简要陈述。当我们清晰地知道关于霍布斯的著作提出了什么样的主张时，我们就可以接着思考所引用的证据和论点了。

“正如罗伯森(G.C.Robertson)在他 50 年前的《霍布斯》中观察到的那样，‘(霍布斯的)政治学说的整体……在他还只是关于人和品行的一个观察者而尚非一个机械论哲学家的时候，无疑就已经确定了其主要的思路’(第 57 页)。因此，寻求对霍布斯关于‘人和品行’的‘前科学’思想、对他那尚未被科学‘解释’所扭曲的关于人类生活的原初观点进行融贯的阐述，这是唯一自然的事。”(第 xiii 页)因而，施特劳斯博士想要坚持，在霍布斯的早期著作中能发现如下观点的证据，即他后来在欧几里得和伽利略的影响下阐述的政治哲学起源于对人之行为的“前科学的”和非正式的观察，这个观察(正如他解释的那样)导致了一种“道德态度”。“构成霍布斯有关人类生活观点之基础的经验必须追溯至一种特定的道德态度，它迫使它的持有者以霍布斯的特定方式去体验和看待人。”(第 xiv 页)这种“道德态度”是“霍布斯的原初观点，它既独立于传统，也独立于现代科学”：它在他熟悉“现代科学”之前就已出现在他的心智中，它与传统的道德和政治哲学所提供的道德态度或规范相冲突。当施特劳斯博士开始具体地解释这种道德态度时，他把它描述为一种“新的道德态度”，如果我准确地理解了他的话，那么它在两个意义上是新的：它是新的因为它是“非传统的”，因为它是与亚里士多德传统的断裂，以及它是新的因为它在霍布斯的著作中是作为对最初接受的旧的或传统的道德态度的替代者而出现的；

也就是说，它在道德哲学的历史中是新的并且（在某种意义上）它在霍布斯自己的智识发展史上是新的。那么，如施特劳斯博士所 146
看到的那样，霍布斯对政治哲学问题的最先的和原初的攻击是“基于对激情的研究”而做出的。“从一开始，他寻求对国家的最佳形式这个问题的答案，这无关乎人类的本质存在和他在宇宙中所处的位置，而是关乎人类生活的经验，关乎适用性，因此特别涉及激情。”（第 110 页）而霍布斯在这个最初的尝试中所运用的思考方式被描述为“《修辞学》(*Rhetoric*)的方法”，因为那时他所受到的支配性的方法论影响是亚里士多德在《修辞学》上所遵循的方法。在最早的阶段，霍布斯深受亚里士多德在其《修辞学》中阐释的特定的激情理论的影响，在某种程度上，这种影响在他后来的著作中依然显而易见；而且在它丧失其全部力量之后很久，“《修辞学》的方法”的影响依然还在。而我说霍布斯的“思考方式”，因为几乎没有或根本就没有留下霍布斯实际就这个计划所写过的东西，我们也不能认为他就这个计划——它后来已经消失了——曾写过任何东西。因此，施特劳斯博士就用“《修辞学》的方法”来与霍布斯后来在他“痴迷精确科学”的影响下所采用的思想和写作方法相对照，与“欧几里得”、与“现代科学”以及与霍布斯据说从伽利略那里学来的“分析综合的方法”相对照。

现在，施特劳斯博士引导我们得出的结论是，由于我们迄今为止关注的只是霍布斯在“发现了欧几里得的《几何原理》”之后并且依据自然的机械科学方式构建起来的著作，我们已经被误导着认为霍布斯的政治哲学是（像斯宾诺莎那样的）自然主义哲学；而事实是，这种政治哲学是在霍布斯成为一个“机械哲学家”之前构想

出来的，而且并非是根据自然而是根据一种“道德的态度”来构想
147 的，这种政治哲学本身就是一种对“人和品行”的非正式观察的结果。他描述和分析这种“道德态度”的章节(第一章和第七章)既游刃有余又细致入微，在此试图重述他的论证未免愚蠢。简单来说，它的结果首先是，对于霍布斯来说，除了“对暴死的恐惧”之外，并非人的每一种情感和激情都是正义而善的(就像在一种自然主义哲学中那样)。出自这种特定恐惧的行为才是正当的，正是在这种特定的恐惧中，霍布斯最终看到了公民社会的真实基础和道德存在。其次，“虚荣”或“骄傲”是所有的激情中最邪恶、最败坏的(因为它认识到了暴死的恐惧，却不能为此提供任何令人满意的答案)，因此国家就是专门针对这种激情的。这两个主张代表了霍布斯对于他更早时期所持的不同观点的某种改变，施特劳斯博士称这个改变是一种从“贵族的德性”到“资产阶级道德”的运动，而他分析这个转变的篇幅是他的书中最敏锐、最精彩的。因此，对霍布斯的政治哲学来说，这个“原初的”根基是“道德的”而非“自然的”，是“崭新的”而非“传统的”。它也被与霍布斯后来“科学的”著作中的观点相对比：“因此，并非一方面是无关道德的动物欲望(或者是无关道德的人类对权力的追求)和另一方面是无关道德的对自我保存的追求这两者之间的自然主义的对立，而是根本上不正当的虚荣和根本上对暴死的正当恐惧之间的这种道德的和人文主义的对立才是霍布斯政治哲学的基础。”(第 27 页)霍布斯在“现代科学”的影响下所产生的观点的变化于是被描述为：“伴随着他的自然科学的渐进形成，有必要从道德的立场来对待的虚荣越来越被对权力的追求所取代，后者是中性的，并因此更能经受科学解释的

考验。”(第 169 页)

因此,施特劳斯博士的第一要点是断言霍布斯政治哲学的“原 148
初基础”或“起源”是一种道德学说,它属于其智识活动的“前科学”阶段。他的第二要点是,这个道德学说是“非传统的”,它标志着与亚里士多德传统和激情理论的断裂。但他还有第三个更为重要的要点,亦即这个道德基础不仅仅是“原初的”,而且它是霍布斯政治哲学的“真实”基础,霍布斯后来的著作倾向于模糊这个根基,甚至看起来要用另一个根基来取代它,但如果没有这个根基的话,他后来的著作甚至就没有意义且不相连贯了。这个道德学说不仅仅是霍布斯成熟的政治哲学的**起源**,而且也是其**基础**,这个基础被一种“借自数学的证明形式和一种借自自然科学的心理学”所掩盖,这种自然科学支配并(我们现在被敦促相信)败坏了他后来的著作。霍布斯成熟的政治哲学不仅要“把它的存在”,而且要把它的“统一性”“归功于”这个道德态度。在这里蕴含着霍布斯的原创性和他的重要性——这种原创性部分归因于他的天才,部分归因于好运,因为“霍布斯是在这样一个丰产的时刻从事哲学的,彼时,古典的和神学的传统已经动摇,而现代科学的传统尚未形成和建立”(第 5 页)。

现在,为了确立他的观点——霍布斯政治哲学的原初的和真实的根基是一种道德态度,而不是一种科学学说,因此他的哲学并不是一种自然主义哲学——施特劳斯博士的计划已经一目了然。他首先要表明,霍布斯早年的政治理论,即在 1630 年和“发现欧几里得的《几何原理》”之前,是基于一种道德态度;其次他要表明,在霍布斯的著作中后来探讨政治理论的“科学”形式仅仅是一种阐释

方法，而“非他的政治学的关键特点”。而施特劳斯所能借助的证据也是清楚明了的。首先，他可以而且也确实借助了传记的证据，
149 借助了如下这个众所周知的事实，即霍布斯实际上在他开始阐述后来出现在《论物体》和《论人》中的学说之前就已经形成了他对于政治的主要看法，并且借助了霍布斯在他的自传和一些前言中所给出的有关他的智识活动的描述。当然，这个证据并不是定论性的。既然《论公民》写于《论物体》或《论人》之前，它的学说就必然独立于后来的著作，这是霍布斯的解释者频繁地做出的一个推论，但是没有多少东西是支持它的，如果没有其他可资利用的证据的话，它就不可能被认为是定论性的。来自“传记首要性”的论证是所有论点中最弱的，而且甚至在证据链中不能占有一个独立的位置。抛开这个模糊的传记性证据，我们被要求去考察霍布斯在其生命的关键期(1629—1634)之前实际完成的著作，这时他开始熟悉欧几里得的《几何原理》和伽利略，并着迷于“科学”研究。据说，在这些早期著作中将发现霍布斯政治学那未被“科学”扭曲的、原初的根基。但是一个困难随即出现，施特劳斯博士当然意识到这个困难，但他没有在任何一个地方坦率地承认过它。事实是，并不存在关于 1640 年之前的霍布斯政治理论的精心描述。换言之，所有可能是定论性的证据都已被“科学”所污染。那什么是这些“前科学的”著作呢？它们是(i)修昔底德译本的导言(约在 1628 年)；(ii)关于第一原则的小册子(A Short Tract on First Principles)(约在 1630 年)；而施特劳斯博士补充了第三个文本，(iii)关于亚里士多德《修辞学》的两份英文摘要，尽管他把它的日期界定为 1635 年，因此就不在相关的时期之内。简言之，正如施特劳斯博

士所承认的那样，材料“非常稀少”；无论如何，唯一肯定未受污染的、探讨政治哲学的作品是关于修昔底德的导言，而施特劳斯博士不得不在相当大的程度上依赖于它。他相信翻译在霍布斯政治哲学的建构中发挥了极其重要的一步；他满怀热情地抽绎出了可从 150
导言中获得的一切，或许还超过一切。但是还有第三条进路，我们可以从中寻找证据的第三个地方。如果我们能在霍布斯后来有关政治哲学的著作中，在《法的原理》(1640)、《论公民》(1642)和《利维坦》(1651)中发现独立于这些著作之“科学”形式的对事情看法的证据，或者如果我们能在这些受到污染的著作中找到一种渐进地朝向越来越“机械的”理论的证据，那么我们就可能得出结论说，前科学的观点是一种更早的或原初的观点，或者认为，这些著作越来越“科学的”特点暗示了一个更早的时期，那时霍布斯的思想即使较之这些著作中最早的《法的原理》所显示的都更少受到他的科学理论的影响。更进一步来说，如果这些著作包含着某些不一致之处，后者可以通过假设这些著作中的“科学”仅仅是被添加到一种其真实基础独立于“科学”的理论之上而被轻易地解决，或至少是得到解释，那么我们就可以把这一点当作一种非科学的、原初的观点从来没有完全被放弃的真实证据。

在我看来，第三条进路是最有希望的，我认为它也确实被施特劳斯博士认为是最有希望的，我们发现他频频引用后来的“科学”著作来支持如下论点，即一种较早的“非科学的”理论存在着，它对霍布斯的政治哲学来说是根本性的。事实上，有时他看起来几乎没有区别第二条和第三条论证思路，他自由地从一个思路进到另一个思路。尽管这条进路是有希望的，但也是危险的，需要在处理

时极其细心。毋庸置疑，施特劳斯博士充分做到了这一点，但这大部分完全令人满意的东西在我看来却是可疑的。发现这些后来的著作被如此自由地用来阐述一种被假定(*ex hypothesi*)为先于它们并与它们的特点相冲突的对事情的看法，这至少是令人困惑的。其实，证明(如施特劳斯博士所证明的那样)在《法的原理》《论公
151 民》和《利维坦》中存在着朝向一种越来越“科学的”理论的明显变化和发展是一回事，而从这个发展推论出一种“原初的”、总而言之是“非科学的”理论的存在则是另外一回事，推论说这个“原初的”理论从来没有被真正地抛弃又是另外一回事。确实可以肯定的是，在最后的那些作品中，霍布斯已经抛弃了它——施特劳斯博士自己也如此承认，认为这种抛弃不是有意的，而且不属于真正的霍布斯。这背离了施特劳斯博士对霍布斯的智识史中的最细微变化一贯所给予的细致关注。正如施特劳斯博士表明的，霍布斯确实多次完全否定那些他曾如此坚定不移地持有的观点。比如，为他的政治哲学寻找材料而“转向历史”的整个生命阶段被霍布斯后来认为是误入歧途的；在他所有后来的著作中表达的关于所有意见的本质错误的观点必然引导我们得出结论，认为就霍布斯本人而言，一种建立于道德意见或“态度”上的政治哲学是根基不牢的。这个纯粹的道德基础不得不以某种方式被转变，而霍布斯完成了这一转变。

然而，这些只是琐碎细节，尽管它们支持如下的论点，即霍布斯的“原初”观点也是(不管其表象如何)他成熟的、深思熟虑的观点，但它们并没有触及另一个论点，即一种原初的“非科学的”观点的存在，先于且独立于霍布斯后来的著作。我认为，这里的主要障

碍是证据的不能令人满意性。但施特劳斯博士的论证之所以不能令人信服，却不是源于他没有尽可能忠实地对待已经存在的证据，而在于我认为的他对霍布斯著作中“科学”和“非科学”之间过于狭隘和过于精细的划分。“当霍布斯‘发现’欧几里得的《几何原理》时，他已经40多岁了，他直到那时才开始对自然科学有严肃的兴趣。”(第29页)因此，对施特劳斯博士来说，“科学”是随着对欧几里得《几何原理》的发现和伽利略的影响才进入霍布斯的生活中 152
的；它给予他一种“方法”，一种“证明的形式”，而非其他。但是在我看来，霍布斯从来就不是任何真正意义上的科学家，也就是说他的“科学”实际上彻头彻尾是作为认识论被构建起来的。他从来没有关注过对自然世界的科学观察，而总是关心世界的特点应该是什么，如果我们要拥有对它的任何知识的话；他并不关注自然世界本身，而是关注感觉的原因。不仅仅是他的政治观始于“人的本性”和激情，而且他关于自然世界的整个观点也是如此。因此，对自然世界的这种兴趣并非是在1630年左右突然出现在他的生命中，这是他从来就没有缺少的一种兴趣，但只有当它对他的理论来说是必要的时候，他才沉浸于其中。即使是在伽利略的影响如日中天之时，霍布斯也从来没有缓和他对“实验科学”的鄙视和他那深思熟虑的观点，即从观察中不能推导出普遍真理。比如，《法的原理》的第一部分并没有指出一种政治哲学的全新方法(对霍布斯来说)，而只是更坚定地尝试提出一种比他以前所得出的更令人满意的关于人之本性和激情的理论；它没有放弃而是拓展了“《修辞学》的方法”。然而，在此讨论“科学”对霍布斯来说意味着什么是不可能的；但如此说应该就够了，即我认为施特劳斯博士把霍布斯

那里的“科学”等同于“伽利略的方法”事实上并没有恰当地对待他的主题。因此，我认为他已经证明，霍布斯在早期确实是根据对暴死的道德恐惧和不道德的虚荣或骄傲来设想他的政治哲学的——尽管没有这样的作品存在，在其中这样一种理论可以完全不受“科学”的污染而被充分地阐释。但我认为他的如下假定是错误的，即
153 要么霍布斯的早期理论完全以道德的术语来构想，[2]要么“虚荣”被“追求权力”（也就是被一种“中立的”因素）所取代并不是霍布斯理论的真实进步，并如此被他所设想。霍布斯的理论可能并不具有经常被认为的那种**简单的**“自然主义”的特点，但它也不具有施特劳斯博士所主张的那种**简单的**“道德”特点。它是“自然主义的”，这不是就它与“道德的”相对立而言，而是就它试图找到一个比单纯道德的意见更坚固的根基而言。如果是这样，那么施特劳斯博士的观点——“霍布斯哲学最成熟的体现《利维坦》绝不是理解霍布斯的道德和政治理念的适切源头”（第 170 页）——就只能在一种限定的形式下被接受。但是施特劳斯博士所做的真正有价值的贡献是表明霍布斯曾经拥有并保持了这样一种观点，即正义和非正义的行为可以独立于人类立法而被区分开来，以及霍布斯的政治哲学并不属于它如此频繁地被认为的那种简单的自然主义的类型。

施特劳斯博士关于霍布斯的政治哲学与“传统”的关系的观点

2　我认为“虚荣”“必须从道德的角度来对待”（第 169 页）这一点是可疑的。霍布斯自己对它的处理——从“幻想”的角度——无疑把它从纯粹道德的领域排除出去了。参见 Strauss，pp.19，27。所谓的人的“自私”对霍布斯来说并不是一种道德学说，而是一种认识论学说。

基本上被令人满意地坚持下来了。但是在这里，还是存在着相当多的模糊性，这源于他所使用的相当狭隘的传统概念。在本书中，“传统”意味着“古典的和神学的传统”，意味着亚里士多德和经院哲学，尤其意味着“道德的态度”，即这个古典的和神学的传统所利用的一系列规范。霍布斯显示了与这些规范和（在这个意义上）这个传统的一种彻底的——尽管是逐渐的——断裂，这一点已作为定论被证明，而不容被否定。“对暴死的恐惧”是人身上的一种激情或感情，它是道德的并且是一切道德行为的根源，这个观点无疑是新颖的和革命性的；尽管对古典的和神学的传统的形式和内容的类似拒绝可以在比如马基雅维利的《李维史论》（*Discorsi*）中找 154
到（以一种不同的和不那么系统的方式）。但是“骄傲”或“虚荣”是与公民社会的所有力量针锋相对的激情这一观点在中世纪传统中有其位置：在这个有关霍布斯观点之起源的描述中，我不认为应该强调他早期在斯多葛-基督教传统的教育中所学到的东西有别于他从亚里士多德的激情理论（出现在《修辞学》）中所学到的东西。施特劳斯博士基于某些细节上的差别拒绝了狄尔泰（Dilthey）的努力（狄尔泰力图把霍布斯的激情理论与斯多葛的理论联系起来），这既不能令人信服，也与他后来（第150页）的有关评论（即柏拉图和斯多葛派的理论影响了霍布斯对于恐惧和虚荣的分析的后续发展）不一致。但我认为一个更重要的疏忽是他没能把霍布斯的政治哲学与政治哲学中的另一个传统，即伊壁鸠鲁传统联系起来。霍布斯的著作在很多方面属于那在16世纪和17世纪早期的智识生活中如此重要的伊壁鸠鲁哲学的复归。把霍布斯和新伊壁鸠鲁运动联系在一起的传记证据是确定无疑的；不管在霍布斯的伦理

学说与伊壁鸠鲁的学说之间有多么明显的差异,不管他有如何完全不同的至善(*summum bonum*)概念——施特劳斯博士对它做过评论(第134页),而此前居约(Guyau)也在《论伊壁鸠鲁的道德》(*La Morale d'Epicure*)中(第195页)评论过它——我们不应允许它们模糊这两者之间的巨大相似性。鉴于伊壁鸠鲁的观点借以被流传下来的著作类型,我们不能期待有连贯的讨论,霍布斯的成就之一至少是在此前只有一些零散格言的地方建构了一个综合性的体系。但对于这一点,我将在讨论我所说的施特劳斯博士的第四个论点时再说。

也许施特劳斯博士的书中最天才和最敏锐的部分是致力于追155 溯霍布斯哲学兴趣之发展阶段的努力。我对此没有什么可说,我认为它大体上是令人信服的。但重要的是要看到施特劳斯博士所说的内容中什么才是原创性的。罗伯森在他关于霍布斯的著作中,将其生命划分为三个主要阶段:青年-牛津,学者,哲人。施特劳斯博士绝大部分是同意这个划分的,但是他做了两个重要的补充。首先,罗伯森所谓的"学者"阶段,施特劳斯博士称之为"人文主义阶段";既然在他看来这是霍布斯构建其哲学的主要计划的阶段——就它没有依赖后来的"机械论"自然概念的意义上而言——他遂用了几个大章节来切近地考察出自该时期的霍布斯的著作,并且细致地研究它们所透露的旨趣。他承认,在某些方面,这个阶段是死胡同(*cul de sac*),当霍布斯抵达那里时,得出的是在他看来不令人满意的东西;然而,这是霍布斯生命中的重要塑造期,是他的心灵尚未被"现代科学"或"传统"污染的阶段。确实,在这个阶段,霍布斯仍然明显地相信"传统规范",但他对历史和修昔底德

的研究本身就是与传统程序的断裂。因此,施特劳斯博士的第一个补充是对 1608—1630 年间的霍布斯进行了比此前所从事的研究更深入的考察,一个在霍布斯的研究中只有布兰特(Brandt)对 1630—1655 年的研究才差堪比拟的考察。但是其次,在施特劳斯博士看来,霍布斯的人生被划分为的三个阶段不只是具有它们对罗伯森而言的传记意义,而且具有一种哲学上的意义。对施特劳斯博士来说,霍布斯不是一个从一个兴趣到另一个兴趣的单纯漫游者;他从一开始就是一个哲人,其兴趣的转变是有目的的,是对他的哲学本身而言富有意味的。霍布斯从哲学转向历史和文学,并从历史和文学“回到哲学”。既然对一个哲人来说放弃哲学是奇
怪的和令人不安的,施特劳斯博士遂致力于发现这个偏离的原 156
因——致力于表明这实际上并不是一个偏离而是一个有计划的运动的一部分。对修昔底德的翻译和他所写的导言为他提供了素材。我们被告知,“哲学”为霍布斯提供了“人的正确行为的理性诫命”,而在此之前霍布斯都没有激烈地质疑过他所获得的内容。然而,呈现给他的问题是如何使得理性的诫命变得有效,即诫命的适用。他从哲学到历史的转向是其解决这个问题的尝试。施特劳斯博士表明,霍布斯在此是如何追随并创造了一个属于他的时代的思想传统。但这个冒险的终点却出人意料:霍布斯在历史中发现了他在寻找的东西,但是他也在自己身上发现了对于理性诫命本身的新的怀疑,而这种怀疑是他第三阶段的智识活动的出发点,一个也被“现代科学”的侵入所破坏的阶段。这个观点在施特劳斯博士富有激情的几页中被最有效地陈述出来,使我对整个论证的推崇有所保留的只是如下的感觉,即它赋予霍布斯的活动一种过于

体系化的特点，它使霍布斯不再是他所属的那个具有不安分的、有时是分散的好奇心和活动力的时代的人物，而是一个当康德或黑格尔可以而且确实以更大的纪律性和更一贯的规划来追求其目标的后来时代的人物。事实上，当这个哲学家的活动受如此夸张的一致性指引时，他就几乎不能与（比如说）如下观点（第 56 页）相符，即霍布斯能够立刻接受在笛卡尔的直接影响下的某个奇怪学说，或者即使在他最缜密地撰写的著作中也有着多重的不一致性。

我们依然不得不思考的是施特劳斯博士的这个观点，即他声称霍布斯的政治哲学不仅意味着与过去传统的断裂，而且包含了所有后来的道德和政治思想的种子。他在霍布斯那里发现的令人

157 惊讶的新起点就是作为一种政治哲学之开端的自然主张或权利对自然法的取代、意志对法律的取代。他对此说得不多，但他所说的话是极好的和充满洞见的。与“古典的和神学的传统”相比，这个起点无疑是新的；霍布斯理论的纯粹个人主义的立场无疑是他可被认定为“现代政治哲学的奠基者”的一个方面。源于这个新起点的现代主权概念也许隐含着西欧政治思想所曾有过的最伟大革命。但是我认为，在霍布斯按他的真正地位被理解之前需要一些限定条件。首先，自然法理论并不是一下子就消亡的，甚至像洛克这样在其他方面很“现代”的思想家们都把它嵌入他们的理论之中，而且它并非没有复活地死去。事实上，说它从来就没有死去，只是经历了生命的转变和复兴可能更真实。其次，尽管几乎每一位后来以意志代替法律作为出发点的政治思想家都以一种或另一种方式追随霍布斯所设立的榜样，但他从来没有一种令人满意的

或融贯一致的意志理论，他所属的整个伊壁鸠鲁传统要直到这个缺陷被补救后才开花结果，而这个补救事实上是一种重构的自然法理论与霍布斯的伊壁鸠鲁理论的联合——一种显示在比如像卢梭的“公意”、黑格尔的“理性意志”和鲍桑葵(Bosanquet)的“真实意志”等术语中的联合。正如我所看到的那样，现代政治哲学最深刻的运动是斯多葛派自然法理论的复兴，这是通过在它上面嫁接了一种伊壁鸠鲁的理论而实现的；它源于西欧从古代世界继承而来的两种伟大的政治哲学传统的联合。它的伟大之处在于它是一种真实的理论，而不是一种单纯折中的组合；它尚未成功地找到一种完全令人满意的表达，这当然不是它垂死状态的标记。它在失去了那种极端类型的正统精确性的优势后还在世界上长时间地维
持了自身，这其实是有利于它的，那种正统的精确性属于斯多葛派 158
自然法理论的全盛时期。霍布斯的重要性在于，他是现时代第一个进行试“错”实验的人，现代政治思想已经把这种“差错”嫁接到古老的自然法理论上，从而创造了一种更综合、更融贯的东西。在伊壁鸠鲁传统之前或者从那以来从未有过如此敏锐的阐释或者得到过如此精湛的陈述。简言之，我认为说霍布斯是“现代政治哲学的奠基者”是过甚其词了。一位完全缺乏令人满意的意志哲学的作家对于现代政治思想来说缺少了某种至关重要的东西。但他在继他之后的那个时期的政治思想中，肯定是其中一个核心要素的奠基者。

因此，可以看到，我在很多要点上不能认同施特劳斯博士。但这并没有偏离我的如下观点，即他为我们提供了一本极具旨趣的书，他在某种程度上改变了我们对霍布斯的观念，相比之前很多年

已经说过的东西，他谈了更多对霍布斯的政治哲学来说是真实的和中肯的东西。毋庸置疑，任何读了这本书的人都将殷切期盼它所预售的续篇，即对霍布斯成熟理论之细节的研究。

1937 年

四、《利维坦》:一个神话 159

这是一个访谈片言、一段异想的飞行,它的主题是哲思文学。自世界开初以来写下的所有著作中,迄今为止绝大多数的作用都只是服务于某种特殊的和有限的利益。这些都不是艺术作品,它们并不自称属于严格意义上的文学。但时不时地,基于对其特性的某种奇特误解,一部真正的文学杰作却被湮没在这个充斥着易逝的功能性著作的庞大图书馆里。它在那里无人问津,除了少数专业读者之外——他们也(很可能)只从专业性的角度来理解它。类似这般的事情就发生在霍布斯在17世纪撰写的题为《利维坦》的书身上。《利维坦》被视作一部哲学著作和一本关于政治的著作,结果它被认为只有少数关注此类事情的人才对它感兴趣。但我相信它是一本严格意义上的艺术作品,是我们的语言和文明中的文学杰作之一。这意味着什么呢?

我们倾向于认为文明是某种坚固而永恒的东西,但实质上它是一个集体的梦。普罗提诺(Plotinus)说:"就灵魂是在身体中而言,它处在深度睡眠中。"在这个尘世之眠中,一个民族的梦想就是
它的文明。而这个梦的实质是一个神话,是对人之实存的一种想 160
象性解释,对人之生活的神秘性的感知(而非解决)。

文学在一个文明中的职能并不是打碎这个梦,而是不断地唤

醒它，在每一代人中重新创造它，甚至使一个民族的梦想能力变得愈发清晰。我们在这个梦中的参与是不完美的，大部分是消极的；在某种意义上，我们是它的奴隶。但是艺术家的相对自由并不是来自于任何清醒的能力（并不是来自于对梦想的任何反对），而是来自于他更深刻地梦想的权力；他的天才就是去梦想他正在梦想的东西。正是这一点使他区别于科学家，他的执拗的天才就是梦想他是清醒的。科学的规划（按我对它的理解）是要去解决神秘，把我们从我们的梦想中唤醒，去摧毁神秘；如果这个规划被完全实现，我们不仅会发现我们醒来处于一种深层的黑暗之中，而且一种可怕的失眠将降临在人类身上，这与仅只是个梦魇一样令人难以忍受。

最伟大的文学，即诗的天赋是一种想象的天赋。它的功效是对我们的梦想功能的扩张。在它的启发之下，普通梦想的熟悉轮廓消退了，新的感知和迄今为止未被感受到的情感在我们之中躁动，在此之前确定无疑的事实再次消散为无穷的可能性，我们开始意识到神话（它是梦想的实质）已经获得了一种新的品质，无须我们去查明这个变化的精确特点。但是从一部哲学著作——当它达到文学的水准时（正如它有时达到的那样）——那里可以期待会出现一种更直接的、不那么精微的结果。它的天赋不是想象力的获得，而是知识的增加；它会敦促和教导。在它那里，我们会想起那些把几代人捆绑在一起的共同梦想，而神话对我们而言将变得更好理解。因此，我们必须在其神话的愿景中寻找这样一本书的意义。

霍布斯所继承的神话是对于人类生活的精微和复杂的解释，

它出自多个源头，具有中世纪基督教文明的特征。而且，任何后来 161
的经验或反思都没有成功地在欧洲诸民族的心灵中取代这一神话。这个神话是这样的：人类和他所居住的世界出自上帝的创世行为，他如同他的创造者一样完美。但是，由于原罪，人类开始与其幸福而和平的源头相分离。这个罪就是骄傲，造物之悖逆的自大，人类凭此成为他自己的神。自那以后，在人的本性中就有着一条隐藏的原则，他的幸福之敌。但是当堕落的人追求其盲目的欲望，追求他自己和他同类的敌人时，神圣的恩典却给人类的自我毁灭设定了限制，并且承诺了对破碎秩序的重建，一种最终的救赎。简言之，这就是给予这个梦想以一贯性的神话。有许多人对它的建构做出了贡献，其中我认为它最应归功于圣保罗（St.Paul）和圣奥古斯丁的想象。但它从来没有完全固定或已被完结，它那里总是保留着一些张力和潜能。不仅仅是神学家，还有这个梦想的真正保管者，即那个时代的诗人和艺术家，他们拯救了它，使之免于蜕变为一种程式。正当霍布斯撰写《利维坦》之际，它在弥尔顿（Milton）的两部史诗中获得了一种崭新的甚至有点古怪的表达。

初看起来，《利维坦》的筹划似乎只不过是用另一个完全不同的神话取代了这个关于人类生活之神秘性的想象性观念。霍布斯告诉我们，人是一种孤独的造物，世界的居民，这个世界包含了满足其所有欲望的物质，除了一种欲望——持续不断地享受那永无止境的满足的欲望。他在这个意义上是孤独的，即他不属于任何秩序并且没有任何义务。他（就好像在睡眠中）被带入其中的世界提供了他所愿望的一切，因为他的欲望并不是围绕着任何终极的目标，而只是局限于获得在其生存的每一时刻置入其心灵的东西。

162 妨碍某个人的幸福的并不是其满足的短暂性，而是对死亡之突然降临并通过终止欲望而终结满足的持续不断的恐惧。确实有一种较小的恐惧，即恐惧他的自然权力将不足以确保对他下一个欲望的满足。对于一个人来说，尽管他是孤独的，但他在世界上却并不是孤单的，他必须和与他同类的其他人争夺生活中美好的东西。但是这种较小的恐惧可以被那些拥有特定的高贵性情的人所忽略（这种性情拒绝无条件竞争的侮辱），或者可以通过与世界上的其他居民达成某种协议而被消除，这种协议可以建立一种表面的和平与秩序。但是那种巨大的恐惧，对死亡的恐惧是恒久的，不能平息的。生活是一个梦想，人类所能获得的任何知识都不能使之消散。

人的命运不受任何神灵支配，其中也不存在任何完美之所抑或是永恒的满足。他在很大程度上取决于他自己的创造性；尽管有其不完美性，但这已强大到足以使他从那属于他的本性和环境的恐惧和冲动中创造出一种文明的生活。

对于那些在旧的神话中成长的人来说，这看起来将是对人类生活之神秘性的不恰当的、祛魅化的解释。但是不应对它的特点有所误解。它是神话，而不是科学。它是对神秘的感知，而不是一种自称的解决之道。但它是对我们文明的神话的一种真实修改，还是它必须被看作是一种个人的怪癖，一种无法参与到共同梦想中去的失败？当然，对于霍布斯的同时代人来说，它不无警告地落在他们的头上，看起来是令人震惊的。当然，时不时地会出现我们文明的敌人，一种假冒神话的鼓吹者。但我认为如果我们仔细地阅读《利维坦》，我们可能在里面发现对所继承的神话的某个章节的强调，也许是过分强调，而不是一个怪人的私人梦想或者一个被摒弃者的恶意创造。

骄傲和感性，过多与过少——根据我们的梦想，这些是人类生 163
活摇摆于其间的两极。旧的神话的精妙之处在于它对这些极端之感受的细腻性和它用以填充那两极之间的空间的想象性力量。如果它错了，它可能是偏向了过多的一极。别尔嘉耶夫（Berdyaev）说，人之堕落的神话“本质上是一种骄傲的观念……如果人们偏离上帝而坠落，他必定曾是一种被高举的造物，被赋予了伟大的自由和权力”。但在我们文明的神话中，正如它出现在《利维坦》中的那样，强调的是相反的一极；它提醒人想起他的渺小、他的不完美、他的道德，而同时又承认他对自己的重要性。这个在共同梦想中的章节是我们的文学从 17 世纪以来就不允许我们遗忘的。当然，不能说霍布斯是第一个察觉到其意义的人。但他生活在我们历史的那一刻，彼时，传统神话的潜能正准备要宣告自己，而挟带着其摧毁所有神话之规划的科学浪潮还没有开始扫荡我们的文明。那使《利维坦》成为哲思文学之杰作的是霍布斯的想象的深刻逻辑，他作为一个艺术家的力量。霍布斯以一种深思熟虑的信心、一种精妙而沉稳的论证让我们想起我们的道德。带着一种沉着确信的反讽，他做了斯威夫特（Swift）只以间歇性的才华才能做到的事情，带着一种夸张的情绪展示和虚假的标新立异，他做了存在主义文学今天正在做的事情。

1947 年

索 引

（索引页码为原书页码，即本书边码）

图书在版编目(CIP)数据

霍布斯论公民联合体/(英)迈克尔·奥克肖特著;郑琪译.—北京:商务印书馆,2024
(汉译世界学术名著丛书:120年纪念版:珍藏本:增订本)
ISBN 978-7-100-23743-7

Ⅰ.①霍… Ⅱ.①迈…②郑… Ⅲ.①霍布斯(Hobbes,Thomas 1588-1679)—政治哲学—研究 Ⅳ.①B561.22 ②D0

中国国家版本馆CIP数据核字(2024)第077607号

汉译世界学术名著丛书
(120年纪念版·珍藏本·增订本)
霍布斯论公民联合体
〔英〕迈克尔·奥克肖特 著
郑琪 译

商 务 印 书 馆 出 版
(北京王府井大街36号 邮政编码100710)
商 务 印 书 馆 发 行
北京市十月印刷有限公司印刷
ISBN 978-7-100-23743-7

2024年5月第1版　　开本 710×1000 1/16
2024年5月北京第1次印刷　　印张 12¾
定价:70.00元